AF267436

EL DIOS QUE RESTAURA

FRANK LÓPEZ

Correcciones por Mercedes Merlo
Diseño interior y portada: Pablo Montenegro

EL DIOS QUE RESTAURA
Redescubriendo el amor del Padre y el propósito de la restauración divina

ISBN Paperback: 978-1-963920-29-1
ISBN Hardback 978-1-963920-30-7
ISBN Digital online: 978-1-963920-31-4

Impreso en Colombia

Publicado por Editorial Renacer
2051 NW 112 AV Suite 129
Miami, FL 33172 - Estados Unidos

ÍNDICE

VISIÓN

Traer un nuevo despertar a la Iglesia de Jesucristo por medio de la Palabra Revelada y, de esta manera, restaurar el altar de Jesús en el corazón de Su pueblo.

MI TESTIMONIO

Cuando mi esposa y yo dimos inicio a la congregación que pastoreamos actualmente, Iglesia Doral Jesús Worship Center, junto con un grupo de 32 personas, en marzo de 2004, comenzamos a experimentar un crecimiento muy rápido. Observamos un común denominador: llegaban personas que amaban al Señor profundamente, muy capacitadas y que habían puesto todo su corazón en servirle a su Señor sin pedir nada a cambio; pero, venían heridas, confundidas, llenas de desilusión y desanimadas.

Orando una madrugada, el Señor nos dijo:

"Preparen un estanque de agua fresca, sin techo y sin paredes, donde yo pueda fluir en libertad; y nunca le cierren las puertas a nadie, porque YO SOY EL DIOS QUE RESTAURA. Y sobre toda palabra de hombre, honra mi Palabra".

DEDICATORIA

Este libro lo dedico a mi esposa Zayda López por su amor, consejo y dedicación a nuestro matrimonio; por darme tres hijos preciosos y un hogar lleno del amor de Jesús. ¡Gracias Zayda!, te amo.

A mis padres, Francisco y María Teresa López, por su amor para nosotros, por enseñarme a buscar de Dios y por haber pagado el precio para que tuviéramos libertad. ¡Gracias!

A mi hermana Ana López, ministra de Jesucristo, por su valentía de traer el evangelio a nuestra familia. Tus oraciones son la razón por la cual hoy le servimos a Dios. ¡Gracias!

También, lo dedico a todos los hombres y mujeres que decidieron darle otra oportunidad a Dios para restaurar sus vidas y, hoy día, brillan con la luz del evangelio; son líderes de nuestra iglesia y de la comunidad. Recuerden, donde ustedes estén, está el altar de Dios para ministrar la misericordia de Jesús. ¡Gracias por su amor!

De la misma manera, es mi deseo dedicar este libro a aquellos hijos de Dios que han sido heridos por personas que, en algún momento, consideraron sus pastores o líderes, y que ahora se encuentran con su fe debilitada, cansados del camino y lejos de su primer amor.

A aquellos que han olvidado que Dios es amor y restauración, no condenación; que nos ama por encima de cualquier cosa o error, que está listo para levantarnos en cualquier momento que lo necesitemos, que prometió estar con nosotros donde quiera que vayamos y que Él es nuestro único y soberano Padre Celestial.

AGRADECIMIENTO

Agradezco a todas aquellas personas que han sido parte de la visión de la Iglesia Doral Jesús Worship Center, a los pastores Alberto y Noemí Mottesi, por apoyarnos a mi esposa Zayda y a mí en el desarrollo de este ministerio.

PRÓLOGO

¡Tremendo tema que encara magistralmente
mi amigo Frank López!

El asunto de restauración es hoy relevante porque en nuestra cultura hispana tenemos millones de "descarriados", como llaman en algunos países; cristianos que por alguna razón abandonaron sus congregaciones. Temo que hay naciones hispanas con más cristianos fuera de las iglesias, que miembros dentro de ellas. Y temo también que en muchos de los casos, por un lado, esto tiene que ver con el énfasis en los dogmas, las formas exteriores, las exigencias en lo cosmético sin una profunda cirugía del carácter. Y por otro lado, este número de seres humanos preciosos que se han apartado de nuestros ambientes de fe, creo que tiene que ver con nosotros: los líderes.

En nuestra cultura religiosa se ha desarrollado, en muchos casos, un tipo de liderazgo tipo "cacique", o "dueño del fundo"; una fuerte personalidad carismática que controla, manipula y se auto-justifica detrás de un manto de piedad.

En realidad, si queremos imitar verdaderamente a Jesús, cuanto más grande es nuestro ministerio, más humildes y servidores a los demás debiéramos ser.

Obviamente, están también los que han pecado y deben ser levantados. Por ello, de acuerdo a como establezcamos hoy nuestros patrones de

comportamiento, así será la vitalidad de la iglesia en lo que resta del siglo XXI.

Generalmente tendemos a polarizarnos. Algunos confunden misericordia con una actitud de cubrirlo y ocultarlo todo. Otros aplican tanta rigidez que terminan destruyendo al herido.

El propósito bíblico de la disciplina no es el castigo hasta la destrucción del caído, sino la restauración del que ha pecado.

La restauración involucra la reconstrucción del carácter, y esto requiere tiempo; puesto que el pecado destruye el carácter. ¿Cuánto tiempo se requiere en el proceso de disciplina?

Lo largo y complicado del proceso de restauración está en relación directa a la naturaleza del pecado y al largo del tiempo en que ha sido practicado.

En medio de tantas inmoralidades, creo que en el Cuerpo de Cristo deberíamos enfatizar más medicina preventiva que curativa:

1) Los cristianos necesitamos más el espíritu de José. Tenemos que aprender a salir corriendo aunque quedemos como tontos según el mundo, pero sabios según Dios.

2) Los líderes debemos tener sumo cuidado en el trato con el sexo opuesto. Expresiones de cariño, visitas a mujeres solas, consejería a solas a mujeres que traen su dolor por una mala relación matrimonial, son puertas abiertas a situaciones peligrosas de tentación.

3) Los líderes debemos exigirnos a nosotros mismos una NORMA ALTA DE SANTIDAD. Un líder que no paga sus deudas no puede pararse a enseñar a otros. Un líder que no guarda pureza sexual no debe ocupar el púlpito.

4) Los líderes debemos estar sujetos a otros líderes. El exceso de independencia es contrario al espíritu bíblico. Evangelistas que no rinden cuentas claras de las finanzas de sus ministerios, que no tienen un gobierno encima de ellos, NO SON DIGNOS DE OCUPAR LOS PÚLPITOS DE NUESTRAS IGLESIAS. Pastores no sujetos a otros ancianos en la Familia de Dios son potencialmente peligrosos. Rendir cuentas es parte del Plan de Dios, y nos ayuda a desarrollar un ministerio sano y equilibrado.

No importa el tipo de gobierno de una iglesia. La Biblia muestra que todo ministerio es confirmado por un presbiterio. Un grupo de ancianos que:

- Cumplan con los requerimientos bíblicos de carácter y conducta.
- Se comprometen a seguir el patrón bíblico de santidad, y sólo endosan a quien también se comprometa.

En los labios de todo aquel que quiera servir al Señor, tienen que estar las Palabras de Jesús: "Por ellos yo me santifico a mí mismo."

"El Dios que restaura" es un magnífico libro que todo cristiano debe leer. Su autor, el Pastor Frank López, representa a una nueva generación de líderes emergentes que hará una poderosa diferencia en la historia.

Comparto el sentir del autor: el Dios de la Biblia no es el dios que golpea, manipula, avergüenza. El Dios de la Biblia es un Padre tiernísimo que sana y acaricia a sus ovejas.

¡Gracias a Dios por este buen libro y la vida preciosa de su autor!

Lo recomiendo con todo mi corazón.

ALBERTO H. MOTTESI

INTRODUCCIÓN

Aveces, pensamos que por el hecho de ser cristianos ninguna cosa negativa nos puede suceder; tenemos la idea de que vivimos en una cápsula de cristal que nos aísla del planeta tierra y de la realidad, pero tal enseñanza no es real, es pura fantasía. Definitivamente, todavía estamos en la tierra y somos seres humanos llenos de imperfecciones, el asunto está en poder aprender y madurar por medio de todo lo que nos sucede, en poder entresacar lo bueno de lo malo y ser mejores cada día. ¡No podemos quedarnos estancados! Precisamente, en esto consiste la diferencia entre tener a Cristo en nuestro corazón y no tenerlo, ya que con Él siempre tendremos la esperanza de un nuevo amanecer.

Durante los años que llevo en el evangelio, he visto a muchos hijos de Dios que enfrentan situaciones difíciles, que luchan con problemas matrimoniales, financieros, ministeriales y aun con ataques violentos del enemigo, pero también he visto la mano de Dios manifestada en cada uno de ellos.

No cabe la menor duda de que Dios ha estado, está y estará con nosotros siempre, tal como lo ha prometido, no importa la situación. Él es un Dios fiel y verdadero, y mientras más grande sea la necesidad que tengamos, más fuerte es su manifestación a nuestro favor.

En la actualidad, estamos lidiando con un evangelio que ha sido expuesto de una forma inadecuada, ya que en vez de dar a conocer a nuestro Padre Celestial como la esencia del amor, muestra a un ser que juzga y trae culpabilidad a su pueblo.

Este evangelio le da más importancia a la religión, a los números, a las costumbres y al fanatismo que al verdadero propósito por el cual Cristo se hizo hombre; que fue restaurar la relación entre el Padre y la humanidad. Cuando se consigue la restauración de nuestra relación con el Padre, le permitimos a Dios que restaure todo nuestro ser. Dios es un Dios que restaura y no podemos alejarnos de esta realidad.

En este libro, quiero hablar de esta manifestación de Dios, donde su misericordia y amor incondicional hacia nosotros se muestra en que cada mañana. Él siempre nos da una nueva oportunidad para volver a empezar.

No importa cuál ha sido tu situación, en Dios hay restauración para ti. Mi oración es que, mientras leas este libro, el poder restaurador de Dios a través de su Espíritu Santo se manifieste en ti, que seas totalmente restaurado y que Dios te use como un canal de restauración para otros.

Todo lo que Él te ha prometido y ha soñado para ti se hará realidad, no hay nada ni nadie que lo pueda impedir, sólo depende de ti. Permite que su compasión y misericordia te alcancen para que puedas restaurar todo lo que ha sido dañado. Dios te ama apasionadamente. ¡Él es el Dios que restaura!

¿QUÉ ES
RESTAURAR?

La palabra restaurar tiene un significado muy amplio, pero básicamente es volver a poner algo o a alguien en el estado o estima que antes tenía, reparar un deterioro, dejar en buen estado[1]. Bíblicamente, este significado puede aplicarse a diferentes circunstancias de la vida, tales como: la restauración de la salud (Mateo 12:13), la restauración de Israel y de las condiciones relacionales, incluyendo el pacto por ellos quebrantado (Mateo 17:11); devolver a una persona o traerla de vuelta (Hebreos 13:19); o la restauración, por parte de los que son espirituales, de uno que ha sido sorprendido en una falta (Gálatas 6:1)[2]. De la misma manera, se puede aplicar a la restauración de la relación personal con nuestro Dios, a la restitución financiera, a la restauración de la relación en el matrimonio, a la relación con nuestra familia, a la restauración de nuestro corazón después de haber sido traicionados o heridos, entre otros.

Para poder entender mejor en qué consiste la palabra restaurar, leamos el siguiente versículo bíblico, en el cual se habla de la palabra perfeccionar, que es en sí lo que sucede después de que somos restaurados de cualquier situación: nos perfeccionamos para la obra del ministerio.

1- El Pequeño Larousse Ilustrado. 2002 . Pág. 878

2- Vine, W.E. Diccionario Expositivo de las Palabras del Antiguo Testamento y Nuevo Testamento. Pág. 781

"Mas el Dios de toda gracia, que nos llamó a su gloria eterna en Jesucristo, después que hayáis padecido un poco de tiempo, Él mismo os perfeccione, afirme, fortalezca y establezca."

1 PEDRO 5:10

La palabra perfeccione es la palabra griega "katarti", "katartizo"[3], que significa lo siguiente:

1. Arreglar, completar, reparar
2. Equiparar, poner en orden
3. Fortalecer, perfeccionar
4) Hacerte lo que tú debes ser, hacerte apto para su obra, apto para mostrarlo a Él.

Como podemos observar, perfeccione es un palabra que expresa un significado progresivo, es decir, que primero te arregla, luego te equipa, luego te fortalece, luego te hace apto para su obra y finalmente te muestra. En esencia, el significado de la palabra perfeccione está íntimamente relacionado con el proceso de restauración, por lo que podemos decir que el mismo requiere de paciencia y perseverancia.

"Y el Dios de paz que resucitó de los muertos a nuestro Señor Jesucristo, el gran pastor de las ovejas, por la sangre del pacto eterno, os haga aptos en toda obra buena para que hagáis su voluntad, haciendo Él en vosotros lo que es

---

3- Vine, W.E. Diccionario Expositivo de las Palabras del Antiguo Testamento y Nuevo Testamento. Pág. 652

> *agradable delante de Él por Jesucristo; al cual sea la gloria*
> *por los siglos de los siglos. Amén"*

HEBREOS 13:20,21

En esta parte de la Escritura hay una revelación maravillosa, y es que en cada oportunidad que el enemigo quiere maniobrar en contra de un creyente con cualquier situación adversa y éste se refugia en Dios para ser restaurado, automáticamente, Él lo cualifica o lo hace apto para el ministerio; mostrando así su imagen de misericordia, su carácter perdonador y que todo el que a Él viene no será despreciado.

Personalmente, en nuestro ministerio, hemos podido experimentar restauraciones preciosas en muchas de las personas que habían sido rechazadas y heridas por líderes y ministros en otros lugares. Actualmente, las mismas personas que llegaron pensando que nunca iban a poder superar estas heridas y a volver a tener confianza en Dios, en los demás y en sí mismas, el Padre Celestial las ha restaurado de una manera tan especial, que ahora se encuentran sirviéndole al Señor como líderes y ministros preciosos, llenos del amor y de la misericordia de Dios. Cuando tú experimentas la verdadera restauración de Dios, hay una unción especial en ti que te activa en el servicio. Una Iglesia que proyecta restauración es una iglesia que produce líderes poderosos para la edificación del reino de Dios. Ir en contra del ministerio de restauración es ir en contra del mismo Dios.

Nuestro Dios es el Dios del "Katartizo", de la restauración, el gran Pastor de ovejas quien tiene un pacto con nosotros de restaurar a través de la sangre de Jesús. Una de las características del ministerio pastoral es que hay un fuerte llamado, una gran pasión por restaurar a las ovejas de cada situación difícil, no importa lo imposible que parezca. Un verdadero pastor tiene una fe agresiva y una convicción real en su corazón de que Jesús es el gran restaurador.

"JESÚS ES EL GRAN RESTAURADOR."

La restauración es muy importante para cualquier ministerio, nosotros, los pastores, hoy día tenemos que restaurar a todas las personas que lo necesiten. Jesús no hizo ni hace excepción de personas, pues, como ya lo mencionamos, a través de la sangre de Jesús hay un pacto eterno para restaurar.

¿QUÉ ES LO QUE DIOS RESTAURA?

Dios, en su inmenso amor, nos restaura por completo cuando fallamos, cuando nos hieren, cuando nos sentimos desanimados, cuando sufrimos una pérdida o nos hemos alejado de Él. Igualmente, nos hace más fuertes y nos prepara para ser restauradores. En este momento, la iglesia de Cristo está necesitando ministros con pasión y amor por la restauración en todas las áreas, tales como:

- Espiritual
- Emocional
- Física
- Financiera
- Familiar
- Ministerial
- Laboral
- Social

Dios se convierte en la restauración de todo aquel que la necesite y en la solución a todo problema, de acuerdo a la intimidad que exista entre Él y la persona afectada. Tu relación con el Padre Celestial es proporcional a la restauración que experimentes en tu vida.

> "IR EN CONTRA DEL MINISTERIO DE RESTAURACIÓN ES IR EN CONTRA DEL MISMO DIOS."

Él quiere hacerte apto para que puedas SER, y puedas TENER, y puedas HACER todo lo que Él tiene planeado para ti. Tú eres su hijo amado, alguien apreciado grandemente en su corazón; Jesús murió por ti y pagó un precio muy alto por tu felicidad.

> *"Entonces nacerá tu luz como el alba, y tu salvación se dejará ver pronto; e irá tu justicia delante de ti, y la gloria de Jehová será tu retaguardia."*

ISAÍAS 58:8

JESÚS EL GRAN RESTAURADOR

Jesús es quien establece o activa la restauración de Dios Padre en nuestras vidas.

"Mas Él herido fue por nuestras rebeliones, molido por nuestros pecados; el castigo de nuestra paz fue sobre Él, y por su llaga fuimos nosotros curados. Todos nosotros nos descarriamos como ovejas, cada cual se apartó por su camino; mas Jehová cargó en Él el pecado de todos nosotros."

ISAÍAS 53:5-6

Hay algo muy importante que debemos tener en cuenta, y es que como representantes de Cristo en este sistema mundial, la restauración es un testimonio visible de la misericordia y el poder de nuestro Dios para los impíos, lo que nos da credibilidad para evangelizar. Al tener un testimonio de restauración provocamos unidad entre los hermanos de la fe, la cual nos da fiabilidad ante el mundo. Jesús, horas antes de ser entregado a los que lo iban a crucificar, oró por ti y por mí de la siguiente manera:

"Mas no ruego solamente por éstos, sino también por los que han de creer en mí por la palabra de ellos, para que todos sean uno; como tú, oh Padre, en mí, y yo en ti, que también ellos sean uno en nosotros; para que el mundo

crea que tú me enviaste. La gloria que me diste, yo les he dado, para que sean uno, así como nosotros somos uno."

JUAN 17:20-22

"ÉL QUIERE HACERTE APTO PARA QUE PUEDAS SER, Y PUEDAS TENER, Y PUEDAS HACER TODO LO QUE ÉL TIENE PLANEADO PARA TI."

Otro significado de restaurar es: "perfectamente unidos"[4]. Fíjate cómo Jesús hace énfasis en la unidad, y dice: "para que el mundo crea que me enviaste". Una Iglesia que restaura es una Iglesia unida, donde el Espíritu Santo se manifiesta fuertemente dando convicción de pecado; y de esta manera, Él añade cada día a aquellos que han de conocerle. Dios no va a guiar a personas que necesitan restauración a un lugar donde este atributo no existe; y el conocer a Jesús es el comienzo de un proceso de restauración. No obstante, hay lugares donde las personas que reciben a Cristo como su Señor y Salvador corren el riesgo de volver a perderse, o peor aún, de salir heridas y no querer escuchar más acerca del evangelio, debido a que las personas que allí se encuentran no manifiestan el carácter verdadero de Jesús ni su voluntad de restaurar a cada persona.

4- Vine, W.E. Diccionario Expositivo de las Palabras del Antiguo Testamento y Nuevo Testamento. Pág. 653

Hoy día hay sistemas creados por el hombre que producen crecimiento y números, pero esto no es necesariamente el plan de Dios; sin duda, para Él es más importante que cada persona sea restaurada a que sea un número más. He conocido cómo estos sistemas producen grandes heridas y desencanto en las ovejas del redil del Señor. Como pastores, debemos tener mucho cuidado con esto, ya que hay diseños de crecimiento que Dios da específicamente para una ciudad o para una iglesia en particular, y el hecho de que hayan tenido éxito no significa que este diseño es para todo el mundo o para toda iglesia. Cada redil es diferente y cada territorio es único, el pastor debe buscar su propio diseño para su visión en la intimidad con Dios. Podemos aprender de todos, pero el imitar una fórmula de crecimiento simplemente por que le funcionó a otro es algo peligroso que nos puede sacar de la voluntad de Dios.

El éxito para Dios está representado en frutos, no en números. Jesús viene por una iglesia llena de su gloria, de su amor, de su santidad; Él viene por una iglesia restaurada en la intimidad con su Padre. Por tal motivo, como líderes, constantemente debemos pedirle a Dios que nos ayude a examinar nuestro corazón y siempre decidir por su voluntad y no la nuestra.

La ambición personal es un instrumento que Satanás usa para herir al pueblo de Dios. Sabemos que Dios es grande y que su visión y sus planes son grandes para su pueblo, pero hagámoslo a la manera de Jesús, no podemos pasarle por encima al redil de Dios y usarlo para alcanzar metas personales en el ministerio.

> ## "EL ÉXITO PARA DIOS ESTÁ REPRESENTADO EN FRUTOS, NO EN NÚMEROS."

Cuando la ambición humana reemplaza la voluntad de Dios y la naturaleza de Jesús como edificador de su iglesia, el Espíritu Santo se contrista y termina reinando un espíritu "Jezabélico" de idolatría, donde se le da gloria a Dios de la boca para afuera, pero en realidad el hombre está alimentando su ego al recibir la adoración del pueblo de Dios, lo cual conduce a que el redil adultere espiritualmente. Esta actitud humana es la licencia principal que el diablo tiene en la iglesia hoy día para herir y maltratar a la novia de Dios, su Iglesia.

Cuando el líder del redil cae en esta actitud de egoísmo y orgullo las consecuencias son terribles, primero, el pueblo las padece, pero eventualmente el líder y su familia terminan heridos fuertemente. El éxito para Dios consiste en estar en el lugar correcto y en el tiempo correcto haciendo su voluntad, no en la fama, el poder o el dinero, ni en el número de congregados, que es como el mundo lo mide. ¡Ser uno con Jesús y en su obra es éxito! Para recibir la abundancia del Dios que ama y prospera, debemos estar atentos a lo que Él espera de nosotros.

"Padre, aquellos que me has dado, quiero que donde yo estoy, también ellos estén conmigo, para que vean mi gloria que me has dado; porque me has amado desde antes de la fundación del mundo."

JUAN 17:24

Para que la restauración de Dios pueda fluir a través de todo líder cristiano, ya sea para ser restaurado o para restaurar a otros, éste debe tener su "habitación privada" con el Espíritu Santo, ciertamente, la restauración es producto de una vida de oración y de adoración a nuestro Señor. Yo le llamo el Monte Alto.

Cada vez que Jesús, como Hijo del Hombre, necesitaba consuelo, guía, afirmación y fortaleza de su Padre Celestial, se separaba para ir a un monte alto.

UN MONTE ALTO REPRESENTA:
- Un lugar de intimidad, de oración; un lugar de encuentro con el Padre Celestial.
- Un lugar de autoridad o de comando.
- Un lugar de revelación donde hay una atmósfera profética de impartición, donde Dios muestra y establece verdades bíblicas que trasforman las vidas.
- Un lugar de una profunda dimensión espiritual, donde no hay lugar para las obras de la carne.
- Un lugar donde hay una búsqueda intensa y una madurez espiritual para entender la mente y el corazón de Dios, y así edificar su reino.

Para entender mejor la relación que existe entre Jesús y su monte alto, veamos algunos momentos en los que Él estuvo en este lugar:

1. LA TRANSFIGURACIÓN

"Seis días después, Jesús tomó a Pedro, a Jacobo y a Juan su hermano, y los llevó aparte a un monte alto; y se transfiguró delante de ellos, y resplandeció su rostro como el sol, y sus vestidos se hicieron blancos como la luz."

MATEO 17:1

2. LAS BIENAVENTURANZAS

"Viendo la multitud, subió al monte; y sentándose, vinieron a él sus discípulos."

MATEO 5:1

3. PROFETIZANDO LAS SEÑALES ANTES DEL FIN

"Estando Él sentado en el Monte de los Olivos, los discípulos se le acercaron aparte, diciendo: dinos, ¿cuándo serán estas cosas, y qué señal habrá de tu venida, y del fin del siglo?"

MATEO 24:3

En cada uno de estos ejemplos, Dios está revelando verdades de una manera profética profunda, y como resultado, se obtiene la unción para transformar vidas, sistemas y naciones completas.

En la transfiguración, Jesús muestra su deidad a su equipo de trabajo, lo cual confirma su ministerio de cumplir la ley y todo lo que los profetas habían dicho (Mateo 15:17,18). Moisés representa la ley, Elías representa a los profetas, y Dios Padre manifiesta su gloria y confirma a su hijo (Mateo 17:1-13).

"JESÚS VIENE POR UNA IGLESIA LLENA DE SU GLORIA, DE SU AMOR, DE SU SANTIDAD."

En las bienaventuranzas, Jesús imparte virtudes espirituales a su discipulado que nunca antes ningún ser humano había hablado. Es una manifestación profética donde el Señor nos da la columna vertebral de un discipulado de acuerdo a la naturaleza de Jesús. Son verdades que cuando son reveladas nos dan un entendimiento profundo del corazón de Dios y de lo que Él quiere reflejar a través de nosotros como edificadores del Reino de los cielos.

En Mateo 24:3 se encuentra una palabra profética, donde Jesús nos da el mapa espiritual de las características antes del fin, de cómo va estar la humanidad, el mundo, la iglesia y su remanente.

De acuerdo a lo anterior, sin lugar a dudas, tener un monte alto de intimidad con Dios es algo muy importante para todo creyente, y más cuando reposa sobre nosotros la responsabilidad de guiar a un rebaño. Tú, como líder, debes asegurarte de tener un "monte alto de intimidad" con Dios antes de tomar decisiones acerca del ministerio que Él ha puesto en tus manos. Sobre toda palabra de hombre está la Palabra de Dios. ÉL es el Dios que se comunica claramente con aquellos que le buscan. Debes tener oídos para oír lo que el Espíritu Santo dice a su Iglesia.

JESÚS COMO
RESTAURADOR

"Oh Dios, restáuranos; haz resplandecer tu rostro, y seremos salvos. Jehová, Dios de los ejércitos, ¿hasta cuándo mostrarás tu indignación contra la oración de tu pueblo? Les diste a comer pan de lágrimas, y a beber lágrimas en gran abundancia. Nos pusiste por escarnio a nuestros vecinos, y nuestros enemigos se burlan entre sí. Oh Dios de los ejércitos, restáuranos; haz resplandecer tu rostro, y seremos salvos." Salmos 80:3-7

Este salmo es el clamor de una comunidad que había perdido la comunión que un día tuvo con su Dios. Es una oración por avivamiento y restauración después de experimentar destrucción. Podemos notar que hay un arrepentimiento y un cambio de actitud respecto a sus pecados.

La frase "haz resplandecer tu rostro" es una expresión de llanto que pide que la presencia de Dios vuelva, significa: "devuélvenos la intimidad contigo, queremos sentirnos seguros en ti, te extrañamos, te necesitamos".

La palabra rostro es la palabra hebrea "panim"[5], que significa presencia e intimidad personal. Jesús, por medio de su sacrificio en la cruz, establece precisamente eso, la restauración de la intimidad de Dios con la humanidad. Él es quien establece un pacto de misericordia con el propósito de separarnos para Él, y de darnos la oportunidad de pasar toda una eternidad en presencia del Dios de la creación. Con su

____

5- Crosswalk.com

sacrificio, nos rescata del camino de perdición y nos establece en el camino de la eternidad.

Él es el único camino, la única verdad y la vida. Jesús activa la única espiritualidad verdadera, sin Jesús no hay camino, no hay verdad, no hay vida. Tenemos que predicar esta verdad claramente, si no tenemos a Jesús no habrá cielo. No todos los caminos van al cielo, la verdad es que todos los caminos van al infierno, excepto, el camino de Jesús, el Hijo de Dios, el único Salvador del mundo. No podemos disfrazar el mensaje, hay que confrontar al espíritu del anticristo con esta verdad.

Si Jesús no hubiese muerto en la cruz del Calvario no existiría la restauración de Dios para la humanidad. Él es quien establece y activa la restauración de Dios Padre en nuestras vidas. Este proceso requiere una profunda intimidad con Él, envueltos en su gloria. Veamos lo que dice la siguiente porción de la Escritura al respecto:

"Y Jehová descendió en la nube, y estuvo allí con él, proclamando el nombre de Jehová. Y pasando Jehová por delante de él, proclamó ¡Jehová! ¡Jehová! fuerte, misericordioso y piadoso; tardo para la ira, y grande en misericordia y verdad; que guarda misericordia a millares, que perdona la iniquidad, la rebelión y el pecado, y que de ningún modo tendrá por inocente al malvado; que visita

*la iniquidad de los padres sobre los hijos y sobre los hijos de
los hijos, hasta la tercera y cuarta generación."*

ÉXODO 34:5-7

Moisés le pide a Dios que le muestre su gloria, la cual se manifiesta en atributos que se pueden ver, sentir y experimentar espiritual-mente, estos son:

1) Fuerte, denota una percepción espiritual de que Dios tiene una autoridad total y extrema.

2) Misericordioso y piadoso, muestra su voluntad de perdonar y restaurar.

3) Justo, denota su sabiduría y la manera de poner las cosas en perspectiva para establecer el balance.

4) Que visita la iniquidad de los padres sobre los hijos, esto implica que aunque los hijos reciben las consecuencias de los pecados de los padres, Él los visita; y con su visitación trae también su misericordia y su piedad, lo cual da como resultado la liberación para estos hijos, si claman y se entregan a este Dios tan bueno.

Como ya hemos visto, la gloria de Dios consiste en sus atributos personales a favor de sus hijos. Una de las descripciones de su gloria es su corazón perdonador y piadoso, el cual levanta al caído y lo establece en su presencia nuevamente.

La restauración manifiesta la gloria de Dios en una persona y la hace disponible para que otros la vean. Por ejemplo, he visto con mis propios ojos personas que un día querían matarse y hoy aman la vida con una pasión intensa.

He visto personas con matrimonios que a causa de la infidelidad vivían totalmente atormentadas, y aun llegaron a separarse, pero hoy son felices y su hogar es territorio santo, lleno de la paz de Jesús. He visto hombres de negocios que lo han perdido todo por el vicio y las malas compañías, pero hoy se encuentran totalmente restaurados tanto ellos como sus negocios. He visto siervos de Dios destruidos por causa de líderes crueles que han asesinado su credibilidad hablando mal de ellos o contando las cosas privadas que un día les confiaron, pero hoy sirven a Dios en un nivel mayor de poder, libertad y amor.

"le dijeron: Maestro, esta mujer ha sido sorprendida en el acto mismo de adulterio. Y en la ley nos mandó Moisés apedrear a tales mujeres. Tú, pues, ¿qué dices? Mas esto decían tentándole, para poder acusarle. Pero Jesús, inclinado hacia el suelo, escribía en tierra con el dedo. Y como insistieran en preguntarle, se enderezó y les dijo: El que de vosotros esté sin pecado sea el primero en arrojar la piedra contra ella. E inclinándose de nuevo hacia el suelo, siguió escribiendo en tierra. Pero ellos, al oír esto, acusados por su conciencia, salían uno a uno, comenzando desde los más viejos hasta los postreros; y quedó solo Jesús, y la mujer que estaba en medio. Enderezándose Jesús, y no viendo a nadie sino a la mujer, le dijo: mujer, ¿dónde están los que te acusaban? ¿Ninguno te condenó? Ella dijo: ninguno,

> *Señor. Entonces Jesús le dijo: ni yo te condeno; vete, y no peques más."*
>
> JUAN 8: 4-11

Jesús no vino a culpar al mundo, sino a salvarlo. Si para el mundo no hay culpabilidad, como la va haber para los hijos de Dios. La culpabilidad es una manifestación demoníaca y no puede estar en la iglesia de Jesucristo. La culpabilidad es lo opuesto a la restauración, no necesitamos que nos recuerden nuestros errores, necesitamos que nos recuerden la misericordia de nuestro Dios. No hay nada más destructivo que un cristiano acusador, amenazador y que trae culpabilidad al redil del Señor.

A veces escucho profecías que acusan al oyente, o que le recuerdan sus errores, o que imparten miedo, intimidación e inseguridad, esas son profecías falsas que provienen de un corazón perverso que quiere manipular y controlar. La profecía es la voz del Espíritu Santo y es para consolar, confirmar y edificar tu vida. Nunca puede traer culpabilidad, acusación o juicio. No recibas esas profecías y aléjate de tales personas por muy espirituales que luzcan, porque sus bocas están llenas de iniquidad.

Para tener una idea clara de lo que es una profecía verdadera, a continuación citaremos algunas características que debe tener.

LA VERDADERA PROFECÍA:

1) Proyecta la naturaleza de Jesús y la personalidad del Espíritu Santo.

2) Siempre va de acuerdo con la Palabra de Dios y con su voluntad para la humanidad.

3) Te enamora más de Jesús y te hace anhelar más su compañía.

4) Te muestra los atributos de su gloria (misericordia, justicia, verdad, perdón y amor).

5) Te confirma lo que otros te habían profetizado y lo que Dios te había estado ministrando a tu espíritu.

6) No contiene ningún atributo de Satanás (padre de mentira, de miedo, de confusión, de intimidación, de condenación; que alimenta los deseos carnales de los hombres, el seductor, el que quiere comprarte con engaños de fama, fortuna y poder).

7) Te trae libertad, paz, consuelo y hace que te sientas seguro en Él.

8) El mensaje siempre te conducirá a un camino de intimidad con Dios, no con el hombre. Dios es un Dios de orden y desea que respetemos a las autoridades, sin embargo, debemos reconocer si esta autoridad es en realidad bíblica o no. Si esta autoridad te ama de verdad, te provoca a estar más cerca de Jesús y te modela la imagen de este Dios de misericordia, amor y humildad, de lo contrario hace énfasis en lo que él hace por ti y hace que lo mires a él como el centro de atención.

9) Después de un encuentro profético verdadero te sientes amado, que perteneces a la familia de Dios y que Jesús estuvo contigo; que su consuelo ha tocado lo más íntimo de tu corazón.

10) El vocabulario del mensaje profético contiene información íntima de tu vida, pero dicho de tal manera que sólo tú entiendes lo que el Señor está compartiendo, en ningún momento te hace avergonzar ni sentir inferior a nadie.

11) La profecía verdadera es el mismo Espíritu Santo hablando con las señales de su presencia, que son sus frutos: amor, gozo, paz, paciencia, benignidad, bondad, fe, mansedumbre, templanza (Gálatas 5:22).

JESÚS, EL RESTAURADOR DE TU CUERPO

"Otra vez entró Jesús en la sinagoga; y había allí un hombre que tenía seca una mano. Y le acechaban para ver si en el día de reposo le sanaría, a fin de poder acusarle. Entonces dijo al hombre que tenía la mano seca: levántate y ponte en medio. Y les dijo: ¿es lícito en los días de reposo hacer bien, o hacer mal; salvar la vida, o quitarla? Pero ellos callaban. Entonces, mirándolos alrededor con enojo, entristecido por la dureza de sus corazones, dijo al hombre: Extiende tu mano. Y él la extendió, y la mano le fue restaurada sana."

MARCOS 3:1-5

En este pasaje bíblico, podemos apreciar la naturaleza de Jesús al restaurar la salud física de un hombre sin importarle la oposición del espíritu religioso, que era típico de los líderes de la sinagoga en aquella época. Jesús manda a este hombre que se ponga en medio, y con una pregunta espera que se den cuenta de que la necesidad es más importante que cualquier ritual u orden de hombre, demuestra cómo la Iglesia debe estar balanceada y cómo tener una conciencia activa para restaurar; también, nos da a entender que la Iglesia como tal debe estar abierta para percibir y hacer lo que Jesús quiere que se haga. Esta verdad es una llave esencial para que el poder de Dios fluya a través de nuestras vidas. Podemos prepararnos y establecer un patrón en el orden de los servicios, pero siempre tiene que haber una sensibilidad a lo que el Espíritu Santo quiere hacer.

Dios siempre pone a su novia primero, su pueblo es su novia. Cuando el hombre se ocupa más de sus planes que de la necesidad del pueblo, el Espíritu Santo se contrista. La Escritura, en Marcos 3 versículos 5, narra que Jesús se enojó y que se entristeció por la dureza del corazón de los líderes de la sinagoga, lo que nos demuestra una vez más que la religión trata de limitar el poder de Dios a favor de su pueblo, y no se interesa por la verdadera voluntad de Jesús ni por la necesidad del pueblo de Dios. Asimismo, pretende apartar al pueblo de la misericordia de Dios.

En este milagro creativo de sanidad, ni siquiera vemos a un enfermo pidiendo por su necesidad, tampoco muestra algún tipo de fe. El milagro se produce porque los mismos religiosos tientan a Jesús asechándole, atentos a lo que iba a hacer para luego tener una excusa o argumento para acusarle de no cumplir con la ley. Desde luego, a pesar de esta actitud, este milagro se produjo simplemente por la compasión de Jesús hacia este hombre enfermo. En su misericordia, Él restaura su salud por encima de toda religión o ritual de hombre, lo que provocó aun más que la persecución religiosa aumentara en contra de su ministerio.

Cuando entendemos que la restauración hace parte del corazón de Dios y estamos dispuestos a hacer su voluntad, también debemos estar dispuestos a pagar un precio. Sin duda, el diablo siempre va a levantar acusación contra ti y contra tu ministerio, especialmente si te encargas de restaurar a aquellos que han sido abusados y heridos en otros ministros. Por otra parte, también debemos tener en cuenta que al involucrarnos en la restauración de una persona o de algo que el diablo se había encargado de dañar, en ese momento, estamos deshaciendo sus obras. Cuando ministramos sanidad a una persona, de una manera u otra estamos rompiendo ataduras demoníacas en los cuerpos, ya que el daño puede ser causado por un espíritu de enfermedad, por maldiciones generacionales o simplemente por problemas fisiológicos, pero aun así estamos estableciendo la gloria de Dios en alguien y eso siempre trae persecución.

La sanidad física es una forma en la que se manifiesta el poder restaurador de Dios; Jesús a través de todo su ministerio en la tierra establece, como cabeza de su iglesia, que la presencia de la restauración del cuerpo es muy importante en su Iglesia.

Tenemos que tener fe y denuedo para creer con todo nuestro corazón que Dios quiere y Dios puede restaurar la salud de su pueblo, y que la Iglesia de Jesucristo tiene que ser precursora de esta manifestación sobrenatural de Dios a favor de su pueblo.

El ministerio de Jesús durante su encarnación tuvo muchas facetas, dentro de las que podemos mencionar la enseñanza, la liberación y la sanidad, las cuales son una manifestación de la restauración. En el momento que Jesús nos muestra la verdad, nuestros pensamientos son restaurados de mentiras; Él nos liberta de toda opresión demoníaca o de hombre, sana nuestra alma y nuestro cuerpo, restaurando así nuestro camino al éxito.

> *"Quien llevó Él mismo nuestros pecados en su cuerpo sobre el madero, para que nosotros, estando muertos a los pecados, vivamos a la justicia; y por cuya herida fuisteis sanados."*
>
> 1 PEDRO 2:24

> *"Jehová Dios mío, a ti clamé, y me sanaste."*
>
> SALMO 30:2

En esta hora, Dios quiere restaurar tu cuerpo. Quiero que te pongas de acuerdo con mi fe y que oremos juntos por tu sanidad, repite conmigo:

Señor Jesús, mi corazón cree en tu Palabra; la cual establece que Tú eres un Dios de misericordia y poder.

Mi petición es que toda enfermedad y todo problema físico en mi cuerpo sean reemplazados por tu presencia y por tu voluntad para mí.

¡Declaro que mi cuerpo está sano en el nombre de Jesús, y me declaro libre de todo espíritu de enfermedad! ¡Rompo toda maldición generacional de enfermedad en mi vida, en el Nombre de Jesús!

A ti te daré siempre la gloria y la honra, gracias por tu amor para mí. En el Nombre poderoso de Jesús.

AMÉN.

"Porque siervos somos; mas en nuestra servidumbre no nos ha desamparado nuestro Dios, sino que inclinó sobre nosotros su misericordia delante de los reyes de Persia, para que se nos diese vida para levantar la casa de nuestro Dios y restaurar sus ruinas, y darnos protección en Judá y en Jerusalén."

ESDRAS 9:9

JESÚS, EL RESTAURADOR DE TU MINISTERIO

"Aquello que fue, ya es; y lo que ha de ser, fue ya; y Dios restaura lo que pasó."

ECLESIASTÉS 3:15

"Crea en mí, oh Dios, un corazón limpio, y renueva un espíritu recto dentro de mí. No me eches de delante de ti, y

no quites de mí tu Santo Espíritu. Vuélveme el gozo de tu salvación, y espíritu noble me sustente."

SALMO 51:10-12

Dios siempre está dispuesto a restaurar a toda persona que se arrepiente de corazón, por más grave que sea la falta o la herida. En este caso, David está pidiendo ser restaurado luego de haber pecado grandemente contra Dios. Él había cometido adulterio, homicidio premeditado y abuso de autoridad. Las consecuencias iban a ser mayores si David no se hubiese arrepentido. Así que, cuando él fue confrontado por el profeta Nathan, su reacción inmediata fue la de aceptar su culpabilidad, lo que condujo a la restauración de su ministerio.

Muchos ministros han fallado, pero no hay que olvidar que si están dispuestos a reconocer sus faltas, Dios los restaura y los capacita nuevamente para seguir sirviéndole.

JESÚS, EL RESTAURADOR DEL MATRIMONIO.

El matrimonio fue establecido por Dios antes de cualquier sistema político, económico o social. A través de la institución sagrada del matrimonio, entre un hombre y una mujer, Dios establece la perpetuidad de la humanidad, y diseña una estructura esencial para la supervivencia de su creación. Es el diseño que muestra su más alto nivel de creatividad, donde Él establece el balance necesario para que la humanidad no muera, y donde Él deposita su poder para crear vida.

LA PALABRA MATRIMONIO EN HEBREO IMPLICA:

1) Cohabitar, hacer vida marital el hombre y la mujer.

2) Una unión íntima y complementaria, donde dos se hacen uno en propósito, vida y carne para razonar, compartir, crear, decidir y gobernar.

"Entonces dijo Dios: hagamos al hombre a nuestra imagen, conforme a nuestra semejanza; y señoree en los peces del mar, en las aves de los cielos, en las bestias, en toda la tierra, y en todo animal que se arrastra sobre la tierra. Y creó Dios al hombre a su imagen, a imagen de Dios lo creó; varón y hembra los creó."

GÉNESIS 1:26,27

Aquí vemos cómo Adán, que significa "la humanidad[6]", fue creado a la imagen de Dios, y cómo es una composición plural. Varón y hembra, los dos separados, pero dentro de la imagen de Dios.

El matrimonio refleja la imagen de Dios, unidad en plural, uno en varios. El matrimonio tiene que ser un reflejo del interior de Dios. Dios es un solo Dios, pero se manifiesta en tres personas, este es el misterio de la trinidad. Tres personas diferentes en personalidad, en roles de autoridad y sumisión, pero un mismo Dios. Su propósito es el mismo, su naturaleza y esencia es la misma.

____

6- Crosswalk.com

Dios tiene un gran interés en restaurar el matrimonio, es algo sumamente importante dentro de su creación. El día que el matrimonio no exista de acuerdo a la palabra de Dios, la humanidad entera estará en peligro, ya que el ser humano no puede existir sin esta estructura. El orden divino para gobernar sobre la creación es: uno en unión.

HEMBRA+VARÓN= MATRIMONIO.

EN EL MATRIMONIO ENCUENTRAS:
1) La otra composición de Dios que a ti te falta.
2) La habilidad de establecer la eternidad a través del poder creativo.
3) La relación e intimidad que necesita tu alma para no morir.

"LA SOLEDAD MATA".

> *"Y los bendijo Dios, y les dijo: fructificad y multiplicaos; llenad la tierra, y sojuzgadla, y señoread en los peces del mar, en las aves de los cielos, y en todas las bestias que se mueven sobre la tierra."*

GÉNESIS 1:28

En el versículo anterior, encontramos cinco verbos que marcan el propósito del hombre, creado por Dios, en el matrimonio, los cuales son:

1) Fructifica
2) Multiplica

3) Llena
4) Autoriza
5) Gobierna

Así como Dios tiene planes y un propósito para el matrimonio, existen enemigos para destruirlo, algunos de ellos son:

EGOÍSMO

- Cuando pones tu criterio, tu conveniencia o tu satisfacción personal sobre tu pareja.
- Cuando buscas la exaltación degradando a tu pareja.
- Cuando criticas, usas sarcasmo, juicio, competencia y auto exaltación.
- Cuando usas expresiones verbales hirientes, tales como: "mi casa", "mi esfuerzo", "mi inteligencia", "mi familia", etcétera.
- Cuando menosprecias el esfuerzo de tu pareja.
- Cuando ignoras las necesidades de tu pareja. Esto es en el área material, emocional y sexual.

PERVERSIÓN SEXUAL

- Pornografía
- Adulterio
- Fornicación
- Homosexualidad
- Incesto
- Prostitución
- Concubinato

> *"Bebe el agua de tu misma cisterna, y los raudales de tu propio pozo. ¿Se derramarán tus fuentes por las calles, y tus corrientes de aguas por las plazas? Sean para ti solo, y no para los extraños contigo. Sea bendito tu manantial, y alégrate con la mujer de tu juventud, como cierva amada y graciosa gacela.*
> *Sus caricias te satisfagan en todo tiempo, y en su amor recréate siempre."*

PROVERBIOS 5:15-19

La intimidad sexual es exclusiva para el matrimonio. Es algo hermoso, placentero y diseñado para que lo quieras repetir. Por tal motivo, no hay necesidad de acudir a nada de lo mencionado anteriormente. Sin duda, como se dice en Hebreos 13:4, el matrimonio debe ser honroso y tener un lecho sin mancilla para no ser juzgados por Dios.

> *"Huid de la fornicación. Cualquier otro pecado que el hombre cometa, está fuera del cuerpo; mas el que fornica, contra su propio cuerpo peca. ¿O ignoráis que vuestro cuerpo es templo del Espíritu Santo, el cual está en vosotros, el cual tenéis de Dios, y que no sois vuestros? Porque habéis sido comprados por precio; glorificad, pues, a Dios en vuestro cuerpo y en vuestro espíritu, los cuales son de Dios."*

1 CORINTIOS 6:18-20

Otro factor importante que nos habla la Palabra de Dios es que el hombre y la mujer deben estar dispuestos el uno para el otro cuando así lo deseen, para que el enemigo no traiga tentación a sus vidas.

> *"El marido cumpla con la mujer el deber conyugal, y asimismo la mujer con el marido. La mujer no tiene potestad sobre su propio cuerpo, sino el marido; ni tampoco tiene el marido potestad sobre su propio cuerpo, sino la mujer. No os neguéis el uno al otro, a no ser por algún tiempo de mutuo consentimiento, para ocuparos sosegadamente en la oración; y volved a juntaros en uno, para que no os tiente Satanás a causa de vuestra incontinencia"*
>
> 1 CORINTIOS 7:3-5

FALTA DE PRIORIDAD

Tener las prioridades en orden es muy importante para gozar de una vida balanceada y exitosa, particularmente en el matrimonio. Hacer todo lo posible por tener un matrimonio saludable debe ser una prioridad en nuestra vida.

CONOZCAMOS EL ORDEN BÍBLICO DE LAS PRIORIDADES EN NUESTRA VIDA:

1) La relación con Dios
2) El matrimonio y la familia
3) El ministerio

Cuando las prioridades no están en orden y la relación se ve afectada por esta causa, aparte de poner las prioridades como lo establece la Palabra de Dios, el perdón, el amor y la obediencia a la voz del Espíritu Santo son la clave para la restauración de la relación. Jesús tiene poder para restaurarla, por tal motivo, el matrimonio necesita de su presencia para que funcione correctamente. Asimismo, poner de nuestra parte es esencial para sobrepasar cualquier dificultad, teniendo en cuenta que el tiempo, la comunicación y el romance juegan un papel primordial en la relación.

Es un error darle prioridad a nuestros ministerios o nuestros trabajos más que a nuestro matrimonio. Un ministro tiene que atender primero su casa y luego la casa de Dios. Si no sabemos edificar nuestra propia casa, cómo pues edificaremos la casa de Dios.

> *"(pues el que no sabe gobernar su propia casa, ¿cómo cuidará de la iglesia de Dios?)..."*
>
> 1 TIMOTEO 3:5

De la misma manera, la Biblia nos llama a ser prudentes y a "velar" o estar atentos de cualquier artimaña del diablo. Cuando descuidamos nuestra familia, el diablo va tomando lugar y eventualmente nos puede costar muy caro. Cuando escucho predicadores que han tenido una trayectoria de mucho éxito, muchas veces, cuentan los diferentes problemas que tuvieron con sus hijos y con sus esposas por la falta de orden en sus prioridades. Ellos admiten su error y explican cómo Dios restauró su relación familiar. Otros testifican cómo trataron de rescatar su matrimonio y su familia, pero fue demasiado tarde. También, he oído testimonios de hombres de Dios que, por descuidar la relación con su esposa, cayeron en adulterio. Efectivamente, las prioridades es un asunto de suma importancia que hay que revisar día a día, para que siempre se mantengan en orden y con un balance. Cuando nuestras prioridades son correctas y están en orden, esto trae una cobertura a nuestras vidas en contra de las trampas de Satanás. Este principio lo podemos ver reflejado en la armonía y organización de una iglesia; lo que está viviendo el matrimonio del pastor, eventualmente, es lo que estará viviendo la iglesia como tal y los matrimonios de los miembros de la iglesia. Si en el matrimonio hay balance, armonía y amor, estos mismos atributos se van a ver en la iglesia. Pero si en la casa del pastor hay celos, competencia, o si la pareja se siente abandonada, esto va a repercutir en la congregación. Es una ley espiritual, lo que está en la cabeza eventualmente pasara al resto del cuerpo.

¡NECESITAMOS DARLE PRIORIDAD A NUESTROS MATRIMONIOS, ÉSTE ES EL DISEÑO DE DIOS PARA MOSTRAR SU IMAGEN!

Al dar ejemplo de una buena relación matrimonial, estamos testificando de lo que Jesús puede hacer en nuestra vida. Por tal motivo, pongamos en práctica lo que Dios nos habla en su Palabra:

> *"Asimismo vosotras, mujeres, estad sujetas a vuestros maridos; para que también los que no creen a la palabra, sean ganados sin palabra por la conducta de sus esposas, considerando vuestra conducta casta y respetuosa."*
>
> I PEDRO 3:1-2

"Vosotros, maridos, igualmente, vivid con ellas sabiamente, dando honor a la mujer como a vaso más frágil, y como a coherederas de la gracia de la vida, para que vuestras oraciones no tengan estorbo."

I PEDRO 3:7

JESÚS, EL RESTAURADOR DE LAS FINANZAS

"Sino acuérdate de Jehová tu Dios, porque Él te da el poder para hacer las riquezas, a fin de confirmar su pacto que juró a tus padres, como en este día."

DEUTERONOMIO 8:18

La prosperidad de Dios es el fruto de que su poder está activo en ti. No es algo que cae del cielo, es algo generado por el poder de Dios fluyendo a través de una vida. Jesús a través de su sangre activó este fluir de poder.

Cuando nacemos de nuevo, se nos revelan los principios del reino de Dios, y si los aplicamos correctamente a nuestra vida darán como resultado bendición financiera. Uno de estos principios es el de la siembra y la cosecha, sin duda alguna, al ser diligentes en este principio veremos el favor de Dios en nuestras vidas para prosperar. El diezmo, la ofrenda, honrar a Dios con todos nuestros bienes, talentos y con nuestro tiempo son semillas plantadas en tierra fértil que, a su tiempo, darán cosecha. Todo lo que tú le des a Dios Él lo toma, lo multiplica y lo devuelve.

"Decía también: ¿A qué haremos semejante el reino de Dios, o con qué parábola lo compararemos? Es como el grano de mostaza, que cuando se siembra en tierra, es la más pequeña de todas las semillas que hay en la tierra; pero después de sembrado, crece, y se hace la mayor de todas las hortalizas, y echa grandes ramas, de tal manera que las aves del cielo pueden morar bajo su sombra."

MARCOS 4:30-32

Dios, de una manera sorprendente, te traerá bendición financiera cuando decidas honrar su Palabra y la establezcas en otros. Tenemos que hacer de esto un estilo de vida.

"Amado, yo deseo que tú seas prosperado en todas las cosas, y que tengas salud, así como prospera tu alma"

3 JUAN 1:2

En este versículo vemos la voluntad de Dios para nosotros: Él desea prosperarnos. Por consiguiente, debemos tomar una posición de fe, creyendo que Él suplirá toda necesidad en nuestra vida, incluyendo lo esencial para llevar a cabo la visión que nos dio. A veces, nos apresuramos a tomar decisiones y nos comprometemos con préstamos innecesarios, los cuales no hacen parte de la voluntad de Dios. Esto es peligroso. A Él no le agrada que su pueblo busque la prosperidad independiente **de Él, ni a la manera del mundo, ni a través de formas** llenas de avaricia o ambición. Él quiere que lo hagamos con Él, a la manera de Él y para Él.

"Bienaventurado todo aquel que teme a Jehová, que anda en sus caminos. Cuando comieres el trabajo de tus manos, bienaventurado serás, y te irá bien."

SALMOS 128:1-2

ENEMIGOS DE LA PROSPERIDAD:

- Ignorar principios bíblicos
- Egoísmo/ ser tacaño
- Pecado/orgullo
- Falta de diligencia
- Falta de juicio
- No saber mantener relaciones correctas.

Dios quiere bendecirte y prosperarte, por tal motivo, trae personas correctas a tu vida, y es de vital importancia saber edificar y conservar estas relaciones para poder recibir las bendiciones que Dios quiere transmitirte por medio de ellas. Por otro lado, el diablo quiere destruirte, y se aprovecha de la falta de discernimiento de los hijos de Dios para enviar personas que se dejan usar por él, y de esta manera, obstaculizar todas tus bendiciones. Estas personas cuentan con ciertas características que se mencionan en Proverbios 6:16-19, veamos:

"Seis cosas aborrece Jehová, y aun siete abomina su alma: los ojos altivos, la lengua mentirosa, las manos derramadoras de sangre inocente, el corazón que maquina pensamientos inicuos, los pies presurosos para correr al mal, el testigo falso que habla mentiras, y el que siembra discordia entre hermanos."

*El poder para prosperar fluye a través de aquellos que saben
establecer, desarrollar y mantener relaciones correctas.
"El ungüento y el perfume alegran el corazón, y el cordial
consejo del amigo, al hombre."*

PROVERBIO 27:9

Relaciones correctas son con aquellas personas que confirman tus valores espirituales y tus valores morales; que añaden valor a tu vida, que te ayudan a superarte. Son personas que sus vidas han sido transformadas por la Palabra de Dios, que son sinceras y transparentes, que perdonan y olvidan, que te inspiran a cambiar.

Cuando no nos valoramos es muy difícil encontrar a las personas correctas para entablar una relación, en este caso, nosotros mismos somos los primeros que tenemos que valorarnos, tal como Jesús nos valora. Para Dios, somos especiales y tenemos un gran valor.

*"O ignoráis que vuestro cuerpo es templo del Espíritu
Santo, el cual está en vosotros, el cual tenéis de Dios, y que
no sois vuestros? Porque habéis sido comprados por precio;
glorificad, pues, a Dios en vuestro cuerpo y en vuestro
espíritu, los cuales son de Dios."*

1 CORINTIOS 6:19,20

El precio que Dios pagó por ti, la sangre de su hijo Jesús, es la señal de cuánto vales para Él. Por consiguiente, debes tener un buen entendimiento de tu verdadero valor, y así podrás escoger a las personas que estén cerca de ti, que te influencien de la manera correcta. Para este fin, debes tener en cuenta lo siguiente:

- Reconoce tu valor
- Acepta tu valor
- Aumenta tu valor
- Cree en tu valor

Aquellos que no aceptan tu llamado o que ponen resistencia cuando Dios comienza a levantarte, no te respetan. Puede ser que te amen, pero si no apoyan lo que Dios quiere hacer por medio tuyo van a reducirte las fuerzas que te impulsan a crecer para cumplir tus metas.

Las personas que hacen parte de una relación correcta son aquellas que van a creer en ti, en tu llamado; aquellas que están dispuestas a darte un consejo sabio, una exhortación o, simplemente, el abrazo que necesitas en los momentos más difíciles. En sus bocas no puede existir juicio, ni condenación, ni críticas, pero sí tiene que haber sinceridad y transparencia para edificar tu vida según la justicia de Dios. Son personas que aconsejan con la sabiduría de Dios y corrigen en el amor de Cristo. Estas personas son sencillas y humildes, pero que se saben ganar el respeto y la admiración por medio del ejemplo que reflejan en su conducta, la cual despierta gran admiración e influencia en tu vida.

RESTAURACIÓN DE UN APÓSTOL

"Entonces la criada portera dijo a Pedro: ¿No eres tú también de los discípulos de este hombre? Dijo él: No lo soy."

JUAN 18:17

"Estaba, pues, Pedro en pie, calentándose. Y le dijeron: ¿No eres tú de sus discípulos? Él negó, y dijo: no lo soy. Uno de los siervos del sumo sacerdote, pariente de aquel a quien Pedro había cortado la oreja, le dijo: ¿No te vi yo en el huerto con él? Negó Pedro otra vez; y en seguida cantó el gallo."

JUAN 18:25-27

En estos dos textos bíblicos, se plasman las tres veces que el apóstol Pedro niega a Jesús. Hoy día, lamentablemente, estamos prácticamente acostumbrados a la falta de validez de la palabra de una persona, a la traición, a estar de parte de alguien o con alguien por interés, a la deslealtad, pero para ese entonces, la cultura hebrea estaba basada en honrar figuras paternas y líderes espirituales con denuedo y lealtad. Que un discípulo negara a su mentor era un asunto sumamente serio, y Jesús había sido para Pedro el mentor de mentores, ya que si recordamos, él mismo fue quien recibió la revelación de parte de Dios que Jesús era el Señor, el Cristo, el Hijo del Dios Vivo, el Mesías de Israel.

"Respondiendo Simón Pedro, dijo: Tú eres el Cristo, el Hijo del Dios viviente. Entonces le respondió Jesús:

biena-venturado eres, Simón, hijo de Jonás, porque no te lo reveló carne ni sangre, sino mi Padre que está en los cielos."

MATEO 16:16,17

Para entender la actitud del apóstol Pedro, debemos tener en cuenta el escenario espiritual que se estaba viviendo en ese momento, éste estaba cargado con una gran actividad demoníaca, trayendo maldad al corazón humano (lugar donde se alimentaba todo el plan siniestro). Un gran temor les sobrevino a Pedro y a todos los discípulos. Era el tiempo en que el Hijo del Hombre se había entregado para ser destrozado por la maldad.

La justicia no existía en estos momentos, mas la venganza, la muerte y el temor reinaban de forma masiva. Sin embargo, si analizamos detenidamente, podremos notar que el temor fue la raíz que ocasionó que el apóstol Pedro cometiera el error de negar a su mentor, pues como dice la Escritura en Lucas 22:62, él lloró amargamente cuando se dio cuenta de que se había dejado llevar por el miedo que le ocasionó la presión que se vivía en aquel momento.

El temor es un espíritu muy destructivo. Como Hijos de Dios debemos aprender a odiar el miedo para no defraudar a Dios, al fin y al cabo, si estamos con Dios quién estará en contra nuestra. En los últimos tiempos, este espíritu demoníaco se ha hecho parte de la Iglesia de Cristo, y está siendo impartido por los mismos pastores y líderes. Más adelante, daré las características que presentan estos llamados "siervos de Dios".

DESCRIPCIÓN DEL TEMOR

- El temor está representado en los dardos del enemigo que vienen a tu mente, con el fin de conducirte a creer en todo aquello que el diablo o el hombre puede hacer en contra tuya.
- El temor es todo aquello que está opuesto a la fe, en efecto, te lleva a anticipar lo peor.
- El temor está basado en imaginaciones, en alternativas positivas o negativas que pueden suceder; en algo que no es real. Muchas veces, está basado en posibilidades y lo tomamos como un hecho.
- El temor es un espíritu que te va quitando la fuerza física, emocional y espiritual hasta debilitarte en todas las áreas.
- El temor puede llegar a producir en ti el deseo de rendirte o morir a tus sueños. Es una fuerza negativa que te conduce a la falta de motivación o a no seguir adelante.
- La meta del espíritu de temor es que rechaces el sueño de Dios para tu vida y destruir tu esperanza.

A continuación, enumeraré algunas características que presenta una persona cuando el espíritu de temor está influenciando su vida para infundir temor a otros:

1) Intimida a otros con su supuesta autoridad.
2) Es arrogante.
3) Maltrata a los hermanos.
4) Produce división.
5) Lanza juicio o condenación.

6) Manipula.

7) Da falsa profecía.

8) Amenaza continuamente.

9) Difunde doctrinas que traen inseguridad a tu vida, las cuales enseñan que Dios castiga o que responde con maldición a tus errores.

10) Abusa de su autoridad exigiendo que le sirvan.

11) Controla la vida de los que le rodean.

12) Es injusta.

13) Se burla de los demás porque se cree mejor que todos.

14) Murmura constantemente acerca de las debilidades y conversaciones privadas sin importarle.

15) Desacredita y le daña la reputación a aquellos que no son de su agrado.

El miedo es algo que tenemos que combatir, no podemos dejarnos seducir ni que nos ponga en una situación comprometedora. Identifícalo como un espíritu y resístele con denuedo, eventualmente huirá de ti.

A todos los que le servimos a Dios, tarde o temprano, si no tenemos los ojos bien abiertos, nos pasará lo que le paso a Pedro: sólo bastó un encuentro con la intimidación humana y la actividad demoníaca para desacreditar su llamado y su fe. No obstante, aunque Pedro negó a Jesús, Jesús lo restauró de su propia conciencia. Pedro se sentía sin ningún valor, como un cobarde que ya no calificaba para servirle a Dios. El miedo lo había sacado de su propósito en Dios.

JESÚS RESTAURA A PEDRO

Antes de analizar las citas bíblicas que nos dan a conocer la forma en que Pedro es restaurado, tengamos en cuenta los siguientes aspectos significativos en este proceso y el escenario en que se sitúan:

- Pedro lo negó tres veces
- Jesús lo confirmó tres veces
- Pedro lo negó al lado del fuego
- Jesús lo restauró al lado del fuego
- Delante de todos los demás lo confirmó y lo afirmó; lo estableció de nuevo en su propósito y lo comisionó delante de los discípulos; primero como evangelista y finalmente como pastor.

"Simón Pedro les dijo: voy a pescar. Ellos le dijeron: vamos nosotros también contigo. Fueron, y entraron en una barca; y aquella noche no pescaron nada. Cuando ya iba amaneciendo, se presentó Jesús en la playa; mas los discípulos no sabían que era Jesús. Y les dijo: Hijitos, ¿tenéis algo de comer? Le respondieron: No. Él les dijo: echad la red a la derecha de la barca, y hallaréis. Entonces la echaron, y ya no la podían sacar, por la gran cantidad de peces. Entonces aquel discípulo a quien Jesús amaba dijo a Pedro: ¡Es el Señor! Simón Pedro, cuando oyó que era el Señor, se ciñó la ropa (porque se había despojado de ella), y se echó al mar. Y los otros discípulos vinieron con la barca, arrastrando la red de peces, pues no distaban de tierra sino como doscientos codos. Al descender a tierra, vieron brasas

puestas, y un pez encima de ellas, y pan. Jesús les dijo: traed de los peces que acabáis de pescar."

JUAN 21: 3-10

"Cuando hubieron comido, Jesús dijo a Simón Pedro: Simón, hijo de Jonás, ¿me amas más que éstos? Le respondió: Sí, Señor; tú sabes que te amo. Él le dijo: apacienta mis corderos. Volvió a decirle la segunda vez: Simón, hijo de Jonás, ¿me amas? Pedro le respondió: sí, Señor; tú sabes que te amo. Le dijo: pastorea mis ovejas. Le dijo la tercera vez: Simón, hijo de Jonás, ¿me amas? Pedro se entristeció de que le dijese la tercera vez: ¿Me amas? y le respondió: Señor, tú lo sabes todo; tú sabes que te amo. Jesús le dijo: apacienta mis ovejas."

JUAN 21:15-17

"SÓLO BASTÓ UN ENCUENTRO CON LA INTIMIDACIÓN HUMANA Y LA ACTIVIDAD DEMONÍACA PARA DESACREDITAR SU LLAMADO Y SU FE."

VEAMOS CÓMO FUE LA RESTAURACIÓN DE PEDRO

1) La actitud de Jesús fue muy importante, ya que ésta no le dejó ninguna duda a Pedro de que lo estaba estableciendo nuevamente como su siervo. El hecho de

que no habían pescado nada y cuando Jesús les habló pescaron excesivamente, es como una repetición de los hechos. Anteriormente, se había presentado una situación similar, cuando Pedro comenzaba a conocer a Jesús y Él lo establece en su llamado.

"EL FUEGO REPRESENTA LA OBRA RESTAURADORA DE ESPÍRITU SANTO."

"Respondiendo Simón, le dijo: Maestro, toda la noche hemos estado trabajando, y nada hemos pescado; mas en tu palabra echaré la red. Y habiéndolo hecho, encerraron gran cantidad de peces, y su red se rompía. Entonces hicieron señas a los compañeros que estaban en la otra barca, para que viniesen a ayudarles; y vinieron, y llenaron ambas barcas, de tal manera que se hundían. Viendo esto Simón Pedro, cayó de rodillas ante Jesús, diciendo: apártate de mí, Señor, porque soy hombre pecador. Porque por la pesca que habían hecho, el temor se había apoderado de él, y de todos los que estaban con él, y asimismo de Jacobo y Juan, hijos de Zebedeo, que eran compañeros de Simón. Pero Jesús dijo a Simón: no temas; desde ahora serás pescador de hombres."

LUCAS 5: 5-10

2) El fuego fue un elemento muy significativo, puesto que cuando Pedro negó a Jesús estaba al lado del fue-

go, dice la escritura que "se estaba calentando". Así mismo, cuando el Señor vuelve por sus discípulos, en esta ocasión, los espera con las "brazas puestas". Jesús es un Dios de detalles, Él quería reemplazar cada rincón de la memoria de Pedro que le recordara lo que había ocurrido, con su misericordia. El fuego representa la obra restauradora de Espíritu Santo, y cómo Él tiene la capacidad de penetrar hasta lo más íntimo del corazón del hombre; y a través de su poder, reemplazar el dolor con el gozo y la compasión de Jesús.

3) Con las tres veces que el Señor le pregunta a Pedro si lo ama, no solamente estaba reemplazando los recuerdos de su mente, sino que también le estaba mostrando su propio corazón. Jesús pudo ver que aunque el temor había controlado a Pedro en un momento específico, aún en su reposaba un amor genuino por Él. Al ver este amor, lo promueve, no solamente va a ser "pescador de hombres" (evangelista), ahora también va a apacentar y a alimentar el redil del Señor (pastor). Esto es algo muy importante, porque el Señor quiere lo mejor para su pueblo, y aunque Pedro era un hombre común y corriente, con virtudes y defectos, el hecho de que él amaba al Señor lo cualificó otra vez para servirle, y aun nivel más íntimo.

Hoy día Jesús está haciendo lo mismo, Él quiere restaurar la relación con su pueblo al mismo nivel que una vez la tuvo y, entonces, intensificarla. Pedro es un ejemplo excelente de cómo Jesús restaura a sus siervos. Tenemos que actuar de la misma manera que Él, y provocar escenarios de restauración, donde la memoria que causa dolor al caído es reemplazada con la misericordia de Dios a través del poder del Espíritu Santo.

> *"Me es necesario hacer las obras del que me envió, entre tanto que el día dura; la noche viene, cuando nadie puede trabajar."*
>
> JUAN 9:4

> *"Jesucristo es el mismo ayer, y hoy, y por los siglos."*
>
> HEBREOS 13:8

INICIANDO LA
RESTAURACIÓN

"Existen varios pasos para iniciar el proceso de la restauración, estudiemos cada uno de ellos:

1. ADMITIR EL PECADO DELANTE DE JESÚS PARA SER PERDONADO.

"Mi pecado te declaré, y no encubrí mi iniquidad. Dije: confesaré mis transgresiones a Jehová; y tú perdonaste la maldad de mi pecado. Selah"

SALMO 32:5

Tenemos que ser transparentes ante Dios, ir delante de su trono y admitir nuestra responsabilidad sin dar excusas o tratar de justificarnos. El pecado es pecado, y aunque Dios lo sabe todo, el confesarlo nos establece como sinceros delante del Señor. No podemos ocultar nada. Tiene que haber un arrepentimiento real, es decir, demostrar que verdaderamente nos duele haber herido a nuestro Dios; y no decir que estamos arrepentidos sólo por temor a las consecuencias mismas de nuestro pecado.

2. PEDIR PERDÓN A DIOS CON BASE EN LA MISERICORDIA ACTIVADA POR LA SANGRE DE JESÚS.

"Ten piedad de mí, oh Dios, conforme a tu misericordia; conforme a la multitud de tus piedades borra mis rebeliones. Lávame más y más de mi maldad, y límpiame de mi pecado"

SALMO 51: 1,2

Primero que todo, debemos reconocer que todo lo que Dios hace para nosotros y con nosotros es únicamente por su misericordia. Él es el Dios de misericordia. La sangre de Jesús tiene el poder para borrar todo pecado. No existe pecado que sea más poderoso que la sangre de Jesús. Su sangre activó un pacto de misericordia a favor nuestro, y es en esta revelación que clamamos a Dios por su misericordia. No es por lo que somos o hacemos, es por lo que Jesús ya hizo en la Cruz del Calvario.

> "EL PECADO ES PECADO, Y AUNQUE DIOS LO SABE TODO, EL CONFESARLO NOS ESTABLECE COMO SINCEROS DELANTE DEL SEÑOR."

3. ADMITIR EL PECADO CON RESPONSABILIDAD.

"Porque yo reconozco mis rebeliones, y mi pecado está siempre delante de mí."

SALMO 51:3

En el proceso de restauración, Dios quiere crear en nosotros un sentido de responsabilidad para protegernos de que no nos vuelva a pasar lo mismo. Por tanto, debemos ser consientes de que somos pecadores y que todos, en algún momento de nuestra vida, somos vulnerables a pecar, pero depende de nosotros precaver de una manera responsable que no caigamos en tentación nuevamente. Por tal motivo, si hay algún área en tu vida en la cual te sientes vulnerable, debes admitirlo y buscar ayuda. Tú eres el primero en ayudarte si te haces responsable de tu debilidad, para poder evitar un error en el futuro. Por ejemplo, si estás luchando contra un problema de alcoholismo, acepta tu vulnerabilidad al alcohol y busca ayuda, para que cuando llegue la tentación puedas estar firme.

4. RESTABLECER LAS EMOCIONES.

"Hazme oir gozo y alegría, y se recrearán los huesos que has abatido."

SALMO 51:8

Todo aquel que clame a Dios recibirá la respuesta. Él quita toda vergüenza; trae paz, gozo y alegría otra vez a tu vida. Dios tiene gran interés en que tus emociones sean restauradas, para que puedas disfrutar de todo lo que Él te ofrece. Cuando estés dispuesto a que tu vasija sea reconstruida y moldeada por el Maestro, la felicidad vendrá a tu vida y todo llanto y tristeza desaparecerá. Él te ungirá con su óleo de alegría y te dará un nuevo amanecer.

5. RECIBIR EL LLAMADO DE RESTAURAR A OTROS.

"Entonces enseñaré a los transgresores tus caminos, y los pecadores se convertirán a ti."

SALMO 51:13

De la misma manera que tú fuiste restaurado, te conviertes en un agente restaurador para otros. Una persona que ha pasado por un proceso de restauración es alguien que ha experimentado el consuelo del Espíritu Santo, lo que la capacita para ayudar a otros en una situación similar, debido a que su testimonio imparte fe y esperanza. También, su agradecimiento y amor por Jesús pone en su espíritu el deseo de compartir la benignidad de Dios que experimentó. Una persona que ha sido restaurada puede identificarse con la situación de otro, y esto trae una sensibilidad que Dios usa para restaurar.

> *"Reedificarán las ruinas antiguas, y levantarán los asolamientos primeros, y restaurarán las ciudades arruinadas, los escombros de muchas generaciones."*
>
> ISAÍAS 61:4

> *"Hermanos, si alguno fuere sorprendido en alguna falta, vosotros que sois espirituales, restauradle con espíritu de mansedumbre, considerándote a ti mismo, no sea que tú también seas tentado. Sobrellevad los unos las cargas de los otros, y cumplid así la ley de Cristo. Porque el que se cree ser algo, no siendo nada, a sí mismo se engaña."*
>
> GÁLATAS 6:1-3

Un hijo de Dios que pueda llevar a cabo cada uno de los pasos del proceso de restauración que mencionamos anteriormente, pertenece al grupo de los que son quebrantados de corazón y contritos de espíritu.

QUEBRANTADOS DE CORAZÓN Y CONTRITOS DE ESPÍRITU

"Cercano está Jehová a los quebrantados de corazón; y salva a los contritos de espíritu. Muchas son las aflicciones del justo, pero de todas ellas le librará Jehová."

SALMO 34:18,19

Las personas quebrantadas de corazón se rinden, no discuten, admiten la verdad y sienten dolor; les duele haber herido a Dios. En igual forma, las personas contritas de espíritu son conmovidas por el amor de Dios y están dispuestas para que Dios obre en ellas.

"LA SANGRE DE JESÚS
TIENE EL PODER PARA
BORRAR TODO PECADO."

La palabra contritos quiere decir: arrepentidos profundamente de haber cometido una falta. A su vez, quiere decir tristes, porque se identifican con lo que Dios siente.

"Y Jehová os esparcirá entre los pueblos, y quedaréis pocos en número entre las naciones a las cuales os llevará Jehová. Y serviréis allí a dioses hechos de manos de hombres, de madera y piedra, que no ven, ni oyen, ni comen, ni huelen.

> *Más si desde allí buscares a Jehová tú Dios, lo hallarás, si lo buscares de todo tu corazón y de toda tu alma. Cuando estuvieres en angustia, y te alcanzaren todas estas cosas, si en los postreros días te volvieres a Jehová tu Dios, y oyeres su voz; porque Dios misericordioso es Jehová tu Dios; no te dejará, ni te destruirá, ni se olvidará del pacto que les juró a tus padres."*
>
> DEUTERONOMIO 4:27-31

NO IMPORTA EL PECADO, DIOS ES UN DIOS DE MISERICORDIA

En Éxodo 4:31, encontramos uno de los nombres de Dios: "El Rachum" que significa:

- Dios de misericordia.
- El que está lleno de compasión y sentimiento por su pueblo.
- El que está completamente libre de crueldad.
- El que es amable por naturaleza.

Dentro de la personalidad de Dios está responder al corazón del hombre que se humilla; contrario a lo que sucede con aquellos que tienen un corazón altivo e independiente de Él. Nuestra actitud puede provocar una respuesta positiva o indiferente de parte de Dios, si nos humillamos y reconocemos que delante de Él somos como un granito de arena sucio con una gran necesidad de su gracia, Él está listo para acudir a nuestro llamado y responder a nuestro favor, pues nuestra actitud siempre debe proyectar un agradecimiento hacia su misericordia. La realidad es que si existimos es por que Él nos diseñó, nos creó y nos da el aliento diario para subsistir. Sin Él, ni siquiera existiríamos. La humildad es algo que el Señor siempre honra.

"Porque Jehová es excelso, y atiende al humilde, mas al altivo mira de lejos."

SALMO 138:6

"TODO AQUEL QUE CLAME A DIOS RECIBIRÁ LA RESPUESTA."

RECOMENZAR TRAS LA DECEPCIÓN

"El perdón es una de las llaves más importantes para iniciar el proceso de la restauración. Por tal motivo, veamos qué es el perdón y cómo interviene en la restauración:

> *"Y cuando estéis orando, perdonad, si tenéis algo contra alguno, para que también vuestro Padre que está en los cielos os perdone a vosotros vuestras ofensas. Porque si vosotros no perdonáis, tampoco vuestro Padre que está en los cielos os perdonará vuestras ofensas."*
>
> MARCOS 11:25-26

> *"Antes sed benignos unos con otros, misericordiosos, perdonándoos unos a otros, como Dios también os perdonó a vosotros en Cristo."*
>
> EFESIOS 4:32

La falta de perdón es algo que Dios no tolera. Literalmente, la Biblia enseña que si tú no perdonas, Él tampoco te perdona. Y no solamente eso, sino que dice que Él mismo te entregará a los atormentadores; los cuales son demonios que perturban tu vida. No podemos jugar con este asunto porque es algo muy serio. Ciertamente, no puede haber restauración, si primero no estamos libres de la falta de perdón, debido a que la restauración es la manifestación más grande del corazón perdonador de Dios.

En este momento, hay muchas personas en la Iglesia de Jesucristo con falta de perdón en su corazón. Dentro de los casos más comunes se encuentra la falta de perdón hacia los padres por heridas causadas en la niñez, el abandono, los abusos físicos o psicológicos. Asimismo, se encuentra la falta de perdón entre las parejas por engaño o infidelidad, y como consecuencia, el divorcio. También, podemos observar la falta de perdón entre la familia en general, aun entre hermanos en la fe y líderes cristianos.

> ## "EL PERDÓN ES UNA DE LAS LLAVES MÁS IMPORTANTES PARA INICIAR EL PROCESO DE LA RESTAURACIÓN."

Hay casos en los cuales es difícil perdonar porque el daño fue excesivo, pero recuerda: "todo lo puedes en Cristo que te fortalece". Dios tiene el poder para sanar cualquier herida o daño ocasionado en el pasado; por lo tanto, debemos hacer énfasis en el presente buscando constantemente la presencia del Espíritu Santo, para que Él sea quien se encargue de devolvernos la esperanza y la fe para el futuro, teniendo en cuenta que Dios nos perdonó por medio de su Hijo, sin merecerlo.

¿CÓMO SE PERDONA?

1) Toma la decisión de perdonar con tu mente, aunque emocionalmente no sientas perdonar. Con el solo hecho de que decidas honrar la Palabra de Dios por encima de tus sentimientos, estás invitando al Espíritu Santo a que comience a sanar tu alma de las he-

ridas causadas, y te dé fortaleza para que seas libre de todo tormento (pensamientos negativos, angustia, miedo, amargura, odio).

2) En tu tiempo de oración, pídele al Señor que te guíe en este proceso de perdonar, y que ponga en tu camino a la persona indicada para que te ayude a superar este dolor y sea tu compañera de oración. Es muy importante que busques a alguien que sea maduro y que conozca la Palabra de Dios, para que te asista en este proceso; puede ser un pastor o un anciano de la Iglesia.

3) Además de orar para que el Señor te guíe, debes presentar a la persona que te hirió en tu oración; menciona, específicamente, su nombre y la acción que te ofendió.

4) Después, entrégale al Señor tanto la ofensa como la persona que la cometió. Haz una declaración en voz alta expresando la decisión que tomaste de perdonar a esta persona; hazlo en el Nombre de Jesús.

5) Por último, dale gracias a Dios por su misericordia en tu vida y por la presencia de su Espíritu Santo. A este punto, déjate ministrar por Él. Él es EL CONSOLADOR.

Cuando perdonamos nos sentimos libres, hay una dimensión de paz que llena nuestro corazón; Jesús se siente complacido con nosotros. Por otra parte, nos hacemos más sensibles a la presencia del Espíritu Santo y a la revelación de la

Palabra; la adoración y la oración alcanzan un nivel mayor en nosotros.

"LA FALTA DE PERDÓN ES ALGO QUE DIOS NO TOLERA."

El perdón debe ser un estilo de vida, cada vez que nos suceda algo que provoque la falta de perdón, inmediatamente, tenemos que honrar la Palabra de Dios, que nos enseña que perdonar es la mejor decisión. No le abras puertas al enemigo, la falta de perdón es la licencia más común que la humanidad le ha dado al diablo para destruirla. En efecto, las consecuencias son terribles, dentro de las que se encuentran el insomnio, enfermedades como cáncer, artritis, jaquecas, problemas mentales como la persecución o la inseguridad, el temor, la angustia y la depresión. No te dejes engañar, la falta de perdón tan sólo es una trampa para arruinar tu vida.

VOLVER A CONFIAR

Después de perdonar a la persona que nos hirió, el segundo paso para volver a empezar es confiar nuevamente en los demás. Este es un principio bíblico. Dios siempre tiene hombres y mujeres con un corazón sincero para edificar a sus hijos.

Es importante que sepamos escoger a las personas que nos van a influenciar y a modelar lo que es ser un cristiano real.

Desgraciadamente, no todos los que llaman a Jesús, Señor, tienen intimidad real con Él. Esto es una realidad. Pero también, es una realidad que sí existen aquellos que lo aman con todo su ser y desean servirle con un corazón limpio y sincero.

"CUANDO PERDONAMOS
NOS SENTIMOS LIBRES,
HAY UNA DIMENSIÓN
DE PAZ QUE LLENA
NUESTRO CORAZÓN."

Aprendamos a escoger correctamente a las personas que van a afectar de una forma positiva nuestra vida. A continuación, voy a mencionar algunas características que describen a un hombre o una mujer en quien se puede volver a confiar.

1) "Por sus frutos los conoceréis". Particularmente, los frutos en una persona son los que nos muestran lo que es en realidad, no basta con conocer lo que se ve a simple vista, o escuchar lo que habla o predica, pues puede tener un carisma arrollador y a la misma vez conducir su vida desordenadamente. Aquel que proclama el evangelio debe mostrar los frutos de lo que predica en su conducta diaria con su esposa, con su familia y con los que le rodean.

Además de los frutos que puede mostrar una persona como resultado de lo que ha hecho en su vida, también debe aflorar en ella el fruto del Espíritu Santo, el cual se menciona en la escritura en forma singular, debido a que reproduce la unidad del carácter del Señor, esto es[7]: *"...amor, gozo, paz, paciencia, benignidad, bondad, fe, mansedumbre, templanza..."* (Gálatas 5:22-23). Éstos, son la señal de que la presencia de Dios está presente en una persona. Sin embargo, debemos tener en cuenta que aunque el AMOR hace parte del Fruto del Espíritu Santo, es el primero de todos y el que le da valor a los demás; sin amor, no se pueden generar los otros frutos. El amor de Jesús es algo palpable y más real que la vida misma. Cuando estás expuesto a esta manifestación de Dios, puedes sentir su naturaleza compasiva, gentil y paternal.

2) Otra de las características que describen a un hombre o una mujer de Dios en quien se puede confiar, es que tiene un interés sincero por tu bienestar, no hay intereses personales de por medio en lo que hace por ti; es decir, no está detrás de tus dones y talentos para beneficiar su organización o para beneficio propio, sólo está pensando en tu bienestar, esto es, guiado por el amor que él o ella siente hacia Jesús.

3) Posee la sabiduría de lo alto. Es una persona llena de la Palabra de Dios, que aconseja y habla con un peso de conocimiento divino. Su consejo produce paz, unidad,

---

7- Vine, W.E. Diccionario Expositivo de las Palabras del Antiguo Testamento y Nuevo Testamento. Pág. 384

perdón y te inspira a amar más a Jesús. Todo lo que dice siempre te apunta al corazón de Dios, así como también, te lleva a pastos verdes y a aguas de libertad.

4) Es íntegra y posee el temor de Dios, éstas son características esenciales en un siervo genuino. Por tanto, constantemente, puedes ver un manto de mansedumbre y humildad en el proceder de esta persona. Es importante que no nos guiemos por los dones o por el poder de Dios que puedan estar activos y fluyendo a través de una persona, esto no significa que sea la persona correcta para volver a confiar. Tampoco los títulos que pueda tener significan que sea la persona adecuada, porque lo más importante es el carácter de Jesús desarrollado en su vida.

El carácter y el testimonio personal son la clave para escoger sabiamente. Fíjate si la naturaleza de Jesús está presente en la persona y, sobre todas las cosas, déjate guiar por el Espíritu Santo, Él te cuidará mejor que nadie.

CAPÍTULO VI

95

¿CÓMO SER UN RESTAURADOR AL IGUAL QUE JESÚS?

La Palabra de Dios nos enseña los diferentes aspectos que tiene la restauración de un individuo, los cuales vamos a tratar a continuación:

1. RECONOCER EL VALOR DEL ARREPENTIMIENTO

Para reconocer el valor que tiene el arrepentimiento en la restauración, debemos conocer lo que es el arrepentimiento verdadero. Al dar la definición podremos entender si nuestro arrepentimiento ante las circunstancias equivocadas de nuestra vida ha sido genuino o no.

Arrepentimiento: es una tristeza por una acción incorrecta. Es poder reconocer ante Dios un error o pecado con un sentir verdadero de dolor en nuestro corazón por haberlo hecho y haberlo ofendido, lo cual impulsa a un cambio de dirección que produce frutos.

Una persona arrepentida de corazón es alguien a quien Dios le responde inmediatamente; además de ser muy valiosa, porque le da sentido y propósito a la sangre de Jesús, ya que al tener un arrepentimiento genuino y clamar a Dios, está dando una clara señal de que el sacrificio de su Hijo en la Cruz no fue en vano.

De la misma manera, el arrepentimiento le quita la licencia al diablo de continuar atormentando, y es el comienzo de la activación del poder libertador de Jesús.

2. SER SENSIBLE

La sensibilidad es necesaria para que el proceso de restauración en una persona sea efectivo, por tanto, debemos identificarnos con la persona y tener una actitud de cercanía o familiaridad.

> *"Al pasar Jesús, vio a un hombre ciego de nacimiento. Y le preguntaron sus discípulos, diciendo: Rabí, ¿quién pecó, éste o sus padres, para que haya nacido ciego? Respondió Jesús: No es que pecó éste, ni sus padres, sino para que las obras de Dios se manifiesten en él me es necesario hacer las obras del que me envió, entre tanto que el día dura; la noche viene, cuando nadie puede trabajar.*

JUAN 9:1-4

> *"Entre tanto que estoy en el mundo, luz soy del mundo. Dicho esto, escupió en tierra, e hizo lodo con la saliva, y untó con el lodo los ojos del ciego, y le dijo: ve a lavarte en el estanque de Siloé (que traducido es, Enviado). Fue entonces, y se lavó, y regresó viendo."*

JUAN 9: 5-7

Lo primero que hace Jesús es contestar la pregunta de sus discípulos. Esta pregunta muestra la insensibilidad humana: ¿Quién pecó? Sin embargo, la reacción de Jesús fue totalmente contraria a juzgar, mas inmediatamente cubrió las faltas de la persona y se concentró en su futuro y en cómo esta persona iba a ser usada por Él. Jesús canceló toda atadura de juicio o religión que acusaba a este hombre, es decir, le restauró su dignidad.

Jesús comenzó a declarar que para que las obras de Dios se manifestaran en esta persona era necesario que Él cumpliera con su trabajo, el cual, así como en ese tiempo, consiste en hablarnos de un futuro mejor, en traernos esperanza, involucrarnos en sus planes y hacernos saber que somos valorados por Él; asimismo, nos restaura la fe para que podamos recibir su milagro.

> ## "EL ARREPENTIMIENTO LE QUITA LA LICENCIA AL DIABLO DE CONTINUAR ATORMENTANDO."

Además de tener presente que Jesús está lejos de juzgarnos y que trabaja con cada persona en forma individual, vemos cómo en este caso le dio instrucciones al hombre ciego: "ve al estanque". El mensaje que Jesús quería proyectarle con el fin de restaurarle la confianza en sí mismo, era: tú no eres un minusválido, puedes hacer algo por ti mismo, eres una persona valiosa.

Con esto, podemos entender el porqué en todas las circunstancias difíciles de la vida siempre nos toca poner de nuestra parte para recibir un milagro.

Fíjate cómo Jesús conduce a este hombre por un proceso personal, trabajando con cada una de las siguientes áreas de su vida:

1) La dignidad
2) La fe
3) La confianza

Tenemos que ser sensibles, sabios y prudentes al hablar para poder ser eficaces en la restauración de una persona. Ten en cuenta que una persona no es un paquete de errores, mucho menos inferior a nadie, porque:

- Todos somos creados a imagen de Dios.
- Todos somos una razón por la cual Cristo murió.
- Todos merecemos ser tratados con dignidad.

3. RECONOCER QUE EL CARÁCTER DE JESÚS ES LA COMPASIÓN

"Y al ver las multitudes, tuvo compasión de ellas; porque estaban desamparadas y dispersas como ovejas que no tienen pastor."

MATEO 9:36

La compasión es identificarte con el dolor de otro, poder sentir su necesidad o sufrimiento y ser movido a hacer algo al respecto; de la misma manera que provocar cambios necesarios para el bienestar de la persona.

"Todos merecemos ser tratados con dignidad."

La compasión es la antesala a la manifestación sobrenatural del poder de Dios. Si tenemos la capacidad de sentir como

Dios siente al ver la necesidad de su pueblo, esto nos establece en un nivel de autoridad mayor para fluir en el poder del Espíritu Santo. Esta revelación es sumamente importante para ser efectivos al ministrar restauración a otros.

En la compasión por la necesidad de la multitud, Jesús:

- Establece el pastoreado. Los pastores debemos movernos en compasión, sin compasión no hay llamado pastoral. Hay que establecer esta virtud en los líderes y los obreros de la Iglesia.
- Establece el contacto directo con el redil. Si no hay contacto con el pueblo, no hay pastor, "el toque" de la Iglesia es algo fundamental:

"Vino a él un leproso, rogándole; e hincada la rodilla, le dijo: si quieres, puedes limpiarme. Y Jesús, teniendo misericordia de él, extendió la mano y le tocó, y le dijo: quiero, sé limpio. Y así que Él hubo hablado, al instante la lepra se fue de aquél, y quedó limpio."

MARCOS 1:40-42

Aunque científicamente se ha comprobado que la lepra no es tan contagiosa[8] como se creía en la antigüedad, la Biblia se refiere a ella como una tipología de pecado, por tal motivo, podemos tomar el testimonio del leproso como un ejemplo de lo que Jesús hace con una persona pecadora que se arrepiente de sus acciones. Así una persona esté pecando (sea

---

8- http://www.nlm.nih.gov/medlineplus/spanish/ency/article/001347.Html

leprosa) es muy importante establecer el contacto con ella, esta fue la enseñanza de nuestro Señor Jesucristo. Cuando una persona necesite ser restaurada, debemos tener presente lo mismo que, indudablemente, Jesús tuvo en cuenta: el toque físico.

¿CUÁNTO TIEMPO HACIA QUE NINGÚN SER HUMANO TOCABA A ESTE LEPROSO?

Probablemente desde que inició su enfermedad, ya que como lo mencionamos anteriormente, en la antigüedad se creía que era sumamente contagiosa, la cual no sólo era degradante, sino también desahuciaba a la persona, puesto que la medicina en ese entonces no tenía los medicamentos adecuados para tratar esta enfermedad. El toque de Jesús le devolvió su identidad y la vida misma, ya que desahuciar a una persona no es sólo decirle que se va a morir, sino quitarle su verdadero valor y la esperanza de lo que desea ser. Jesús, movido por la compasión y el amor, tocó al leproso y le restauró la identidad, le hizo sentir que era valorado y aceptado; y a la misma vez, con su acción, lo incitó a tener intimidad con Dios. Como pastores y líderes, debemos tener mucho cuidado de que nuestras acciones siempre apunten a que las personas tengan una relación más cercana con Dios.

Claramente, podemos notar que la sociedad y la comunidad religiosa veían a este leproso con asco, repulsión y desagrado, mientras que Jesús lo vio con compasión, lo tocó y fue inmediatamente restaurado. La compasión trae denuedo para ministrar, y activa el don de fe para operar en lo sobrenatural.

Un mundo sin la compasión de Jesús es un lugar terrible donde nos convertiríamos en animales salvajes. Jesús nos modeló un ministerio lleno de compasión, donde Él se fijaba en aquellos que habían sido descartados. El evangelio de Jesús es la historia del más fuerte ayudando al más débil.

LA COMPASIÓN DE CRISTO LE DA LA BIENVENIDA AL PECADOR ARREPENTIDO DE LA SIGUIENTE MANERA:

1) Perdonándolo
2) Levantándolo
3) Restaurándolo
4) Activándolo

¡Que Dios más hermoso! Él no se fija en tu lepra porque la compasión toma prioridad en su corazón, es el Dios que se acerca y te toca cuando nadie se acerca. Él está dispuesto a establecer una relación contigo. ¡Señor, gracias por tu compasión!

CAPÍTULO VII

LA RESTAURACIÓN DE LA IGLESIA DE JESUCRISTO

En los últimos años, hemos observado cómo el Espíritu Santo ha estado restaurando el orden bíblico dentro de la Iglesia, tal como fue establecido en la Palabra de Dios.

"Y Él mismo constituyó a unos, apóstoles; a otros, profetas; a otros, evangelistas; a otros, pastores y maestros, a fin de perfeccionar a los santos para la obra del ministerio, para la edificación del cuerpo de Cristo, hasta que todos lleguemos a la unidad de la fe y del conocimiento del Hijo de Dios, a un varón perfecto, a la medida de la estatura de la plenitud de Cristo; para que ya no seamos niños fluctuantes, llevados por doquiera de todo viento de doctrina, por estratagema de hombres que para engañar emplean con astucia las artimañas del error, sino que siguiendo la verdad en amor, crezcamos en todo en aquel que es la cabeza, esto es, Cristo, de quien todo el cuerpo, bien concertado y unido entre sí por todas las coyunturas que se ayudan mutuamente, según la actividad propia de cada miembro, recibe su crecimiento para ir edificándose en amor."

EFESIOS 4:11-16

Este texto bíblico nos enseña la forma en que está compuesta ministerialmente la Iglesia de Jesús, para que sus santos sean edificados, perfeccionados y activados en su llamado.

Sin embargo, aunque el Señor constituyó a los apóstoles, profetas, evangelistas, pastores y maestros para que cumplieran diferentes funciones en su Iglesia, al transcurrir del tiempo, estas funciones no se ha llevado a cabo tal como fueron asignadas inicialmente. Por tanto, en los últimos años, el Espíritu Santo ha estado restaurando cada uno de estos ministerios en función dentro del cuerpo de Cristo.

Primero, fue el Pastor, luego el evangelista, el maestro, el profeta y, por último, el apóstol. El fruto de esta restauración es el ministerio de los santos.

¿QUÉ ES EL MINISTERIO DE LOS SANTOS?

A medida que los cinco ministerios se activan en la iglesia, el pueblo recibe gran edificación. Asimismo, las iglesias se convierten en un lugar de entrenamiento, donde los creyentes son equipados para el ministerio y se convierten en una antorcha encendida con el evangelio de Jesús, llenos de su unción, sabiduría y conocimiento para operar en su llamado dentro y fuera de la Iglesia.

En los últimos tiempos, se está levantando un movimiento evangelístico poderoso, el cual traerá una gran influencia cristiana en todas las áreas del gobierno, en la educación y a nivel empresarial. Dios está levantando un pueblo lleno de su poder y su favor; un pueblo que le teme y predica su Palabra.

> "EL FRUTO DE ESTA RESTAURACIÓN ES EL MINISTERIO DE LOS SANTOS."

Cuando hablamos de la restauración de la iglesia, queremos decir que será llevada a ser lo que era en un principio. Por ejemplo, en el siguiente texto bíblico, conoceremos la influencia que tenían en el gobierno dos personas que seguían a Jesús.

> *"Porque estas cosas sucedieron para que se cumpliese la Escritura: No será quebrado hueso suyo. Y también otra Escritura dice: Mirarán al que traspasaron. Después de todo esto, José de Arimatea, que era discípulo de Jesús, pero secretamente por miedo de los judíos, rogó a Pilato que le permitiese llevarse el cuerpo de Jesús; y Pilato se lo concedió. Entonces vino, y se llevó el cuerpo de Jesús. También Nicodemo, el que antes había visitado a Jesús de noche, vino trayendo un compuesto de mirra y de áloes, como cien libras. Tomaron, pues, el cuerpo de Jesús, y lo envolvieron en lienzos con especias aromáticas, según es costumbre sepultar entre los judíos. Y en el lugar donde había sido crucificado, había un huerto, y en el huerto un sepulcro nuevo, en el cual aún no había sido puesto ninguno. Allí, pues, por causa de la preparación de la pascua de los judíos... y porque aquel sepulcro estaba cerca, pusieron a Jesús."*

> JUAN 19:36-42

Este es el ejemplo bíblico más impresionante del ministerio de los santos. José de Arimatea era un discípulo de Jesús quien no ejercía en ninguno de los cinco ministerios, simplemente era uno que aprendía las enseñanzas de Jesús y las aplicaba a su vida. Este hombre tenía una gran influencia política, ya que el acceso a Poncio Pilato en aquella época no era para cualquiera, y más si era para hacer una petición tan comprometedora como la de pedir el cuerpo de Jesús. Este hombre tuvo más poder ante Poncio Pilato que los sacerdotes de la época, pues le fue entregado el cuerpo tal como hizo su solicitud.

Por otra parte, Nicodemo, quien era discípulo de Jesús, preparó el cuerpo para la resurrección. Esta preparación con lienzos y especies aromáticas las cuales limpiaban, perfumaban y vestían el cuerpo, tiene un significado muy importante, puesto que de la misma manera que el cuerpo de Jesús es preparado para la resurrección, la iglesia, que representa su cuerpo, va a ser restaurada, limpia de toda dolencia y cubierta de toda desnudez.

La combinación del ministerio de José de Arimatea y de Nicodemo dio como resultado la preparación del cuerpo de Jesús para la resurrección en el lugar correcto. De igual manera, la combinación del ministerio de los santos hoy día dará como resultado la sanidad y la restauración de la Iglesia de Jesucristo, poniéndola en el lugar correcto para el avivamiento.

"DIOS ESTÁ LEVANTANDO
UN PUEBLO LLENO DE SU
PODER Y SU FAVOR."

La Biblia nos enseña que en los postreros días habrá falsos apóstales, falsos maestros y falsos profetas, que éstos estarán engañando a muchos. Pero los que pertenecen al ministerio de los santos no les importará lo que esté pasando entre el liderazgo de la iglesia, más bien se mantendrán firmes sirviendo a su Señor. Son personas que aman profundamente a Jesús, no por lo que puedan recibir de Él, sino por quién es. Como en el caso de José de Arimatea y Nicodemo, ¿qué podían recibir ellos de un cuerpo muerto? Sin embargo, siguieron sirviéndole.

Ellos tenían un corazón desinteresado y lleno de amor por Jesús; querían lo mejor para Él aun cuando sabían que el Señor ya no estaba presente en ese cuerpo. José de Arimatea y Nicodemo, guiados por el Espíritu Santo, se mantuvieron activos en el servicio al Señor y actuaron de acuerdo a los propósitos y planes de Dios con gran denuedo y atrevimiento sobre toda potestad religiosa y política, sin ningún temor al hombre, mientras los apóstoles estaban pasando por una crisis de confusión, temor y desunión.

Los que pertenecen al ministerio de los Santos son discípulos de Cristo, no de hombres, que siguen muy íntimamente las enseñanzas de Jesús y que conocen el corazón de su Señor profundamente. Tienen una relación con el Espíritu Santo y dependen de Él para toda decisión en su vida diaria. Están dispuestos a actuar de acuerdo a la voluntad de Dios y tienen un profundo discernimiento para identificar lo que es y no es de su Señor para descartarlo. Conocen la Palabra de Dios y saben identificar la naturaleza de Jesús por medio de la misma.

Nosotros, los líderes de la iglesia que ejercemos en uno de los cinco ministerios establecidos por Dios (pastor, evangelista, maestro, profeta, apóstol), seremos los entrenadores de los santos para el ministerio; cuidaremos de ellos y de sus familias, equipándolos para que sean mejores "jugadores". Sobre ellos estará una unción especial para edificar el reino de Dios con gran éxito.

"Mas vosotros sois linaje escogido, real sacerdocio, nación santa, pueblo adquirido por Dios, para que anunciéis las virtudes de aquel que os llamó de las tinieblas a su luz admirable; vosotros que en otro tiempo no erais pueblo, pero que ahora sois pueblo de Dios; que en otro tiempo no habíais alcanzado misericordia, pero ahora habéis alcanzado misericordia."

1 PEDRO 2: 9,10

"QUERÍAN LO MEJOR
PARA ÉL AUN CUANDO
SABÍAN QUE EL SEÑOR
YA NO ESTABA PRESENTE
EN ESE CUERPO."

EL REMANENTE

"Y yo mismo recogeré el remanente de mis ovejas de todas las tierras adonde las eché, y las haré volver a sus moradas; y crecerán y se multiplicarán. Y pondré sobre ellas pastores que las apacienten; y no temerán más, ni se amedrentarán, ni serán menoscabadas, dice Jehová."

JEREMÍAS 23:3-4 RVR1960

El concepto de un remanente está muy marcado en la Biblia tanto en el antiguo testamento como en el nuevo. Se refiere a un grupo que sobrevive a un evento catastrófico o un grupo que se mantiene fiel y leal a Dios durante tiempos difíciles, donde la mayoría de las personas abandonan su fe y los principios bíblicos de Dios.

En el contexto de los tiempos que estamos viviendo, el remanente es la iglesia que no cae en apostasía ni en doctrinas de demonios que manipulan y encantan a las multitudes. Estas doctrinas les hacen creer que son cristianos a pesar de que no conocen a Jesús como su Señor y Dios soberano.

Remanente son los que son probados y se mantienen en la roca y en los principios y valores bíblicos.

Remanente son los que se mantienen fieles en el temor a Dios y no se venden o toman los dones del Espíritu Santo para usarlos para su propia ganancia.

En hebreo las palabras que usa la Biblia son:

"*Agar*" que significa "después".

"*Yathar*" que significa " lo que sobró o lo que quedó y sobrevivió".

En el nuevo testamento se usa la palabra "*loipos*" que significa. " los que permanecen o los que quedaron".

Es como cuando hay un ataque masivo y muy destructivo sobre un grupo de personas, de las cuales algunas pocas sobreviven porque supieron cuidarse y perseveran en acuerdo y unidos a sus convicciones.

El remanente es aquel grupo de creyentes, compuesto de varias generaciones que se mantienen firmes en los principios, la verdad y la justicia revelada en la Biblia.

La iglesia que no permanece en estos principios es la iglesia que cae. A esto la escritura llama apostasía.

Estamos viviendo en esos tiempos. Vemos denominaciones enteras que se han apartado de la verdad. Acomodando el pecado y manipulando la verdad de Dios para crear su propia verdad, ignorando la Biblia en toda su plenitud. Vemos el mundo cada vez más perdido y operando en un alto nivel de ignorancia y hasta un espíritu de locura que ha invadido el gobierno, la educación, el entretenimiento, los medios y tristemente también muchas iglesias.

En Estados Unidos hay iglesias en ciudades como Washington D.C., Nueva York, Los Angeles, Seatle y otras más, que antes eran templos tradicionales y de reconocimiento nacional y ahora han caído totalmente en apostasía, abandonando los principios bíblicos y predicando un evangelio inventado por ellos para complacer las peticiones de un pueblo totalmente perdido que no conoce a Dios.

Dios siempre tiene su remanente. Dios no necesita cantidad para lograr sus objetivos y para manifestar su gloria. Dios busca adoradores en espíritu y en verdad. Personas de corazón íntegro y comprometidos con su verdad.

Dios puede alcanzar a multitudes a través de su remanente, siendo este un ejército restaurador, que cuando viene el caos y la destrucción, permanece firme y ungido por Dios para restaurar todo aquello que fue destruido o influenciado por lo falso.

En mi ciudad, Miami, vemos que las iglesias de más crecimiento y que están alcanzando a las nuevas generaciones son aquellas que predican la honestidad de la Palabra y lo hacen con sinceridad y transparencia. Hay un mover poderoso en esas iglesias que operan en el fuego de la Palabra. La tibieza destruye, y cuando queremos quedar bien con todo el mundo perdemos el respaldo de Dios en nuestras congregaciones. La iglesia que restaura está compuesta de un remanente que tiene la capacidad de inspirar y multiplicarse, impartiendo con firmeza la verdad Bíblica.

Las nuevas generaciones son parte del mover restaurador de Dios. Tenemos que, intencionalmente, darle un lugar en la iglesia y en nuestras vidas. Yo veo cómo, a través de los años, los jóvenes siempre han sido parte esencial del mover de Dios. En nuestra iglesia vemos que un poco más del 60% de los nuevos creyentes son personas de menos de 30 años de edad. Y puedo ver que ellos responden a la transparencia y a la sinceridad. Se conectan mucho cuando se les enseña la Palabra de Dios tal y como está escrita. Sin ocultar su totalidad, sin acomodar el mensaje que el Espíritu Santo inspiró a los autores bíblicos.

"DIOS SIEMPRE TIENE SU REMANENTE."

LA GENERACIÓN DE DANIEL

En la Biblia encontramos a un joven llamado Daniel. El nombre "Daniel" en hebreo significa "Dios es justicia" o " Dios es justo". Daniel fue el líder de un pequeño remanente que permaneció firme y leal a Dios. Su vida y su historia muestran la manifestación de Dios sobre él de una manera sorprendente y sobrenatural. Dios lo honró y lo ungió.

El remanente es ungido y honrado por Dios
de una manera extraordinaria y no usual.

Creo que Dios está moviéndose poderosamente, levantando una generación con el fluir y la fe que encontró en Daniel. Daniel muestra la providencia de Dios, el favor de Dios, la fidelidad de Dios y la soberanía de Dios. Y es una confirmación de que nadie puede detener a Dios, aun cuando su pueblo lo abandona y aun cuando los gobiernos lo detestan.

Daniel en Babilonia rehusó someterse a las órdenes de un rey que le pedía que lo adoraran. Su convicción fue probada y Dios lo defendió. Daniel se mantuvo firme y siempre fue leal a Dios. Fue perseguido por el gobierno pero después el gobierno lo necesitó para sobrevivir.

Creo que estamos en esos tiempos, cuando Dios está dando a su remanente, la solución y la respuesta para muchas situaciones y problemas que el mundo sin Dios no entenderá. Daniel fue el único que pudo interpretar el sueño del Rey, los sabios no sabían qué hacer, solo Daniel tuvo la respuesta.

"En el año tercero de Ciro rey de Persia fue revelada palabra a Daniel, llamado Beltsasar; y la palabra era verdadera, y el conflicto grande; pero él comprendió la palabra, y tuvo inteligencia en la visión. En aquellos días yo Daniel estuve afligido por espacio de tres semanas. No comí manjar delicado, ni entró en mi boca carne ni vino, ni me ungí con ungüento, hasta que se cumplieron las tres semanas. Y el día veinticuatro del mes primero estaba yo a la orilla del gran río Hidekel. Y alcé mis ojos y miré, y he aquí un varón vestido de lino, y ceñidos sus lomos de oro de Ufaz. Su cuerpo era como

de berilo, y su rostro parecía un relámpago, y sus ojos como antorchas de fuego, y sus brazos y sus pies como de color de bronce bruñido, y el sonido de sus palabras como el estruendo de una multitud. Y sólo yo, Daniel, vi aquella visión, y no la vieron los hombres que estaban conmigo, sino que se apoderó de ellos un gran temor, y huyeron y se escondieron. Quedé, pues, yo solo, y vi esta gran visión, y no quedó fuerza en mí, antes mi fuerza se cambió en desfallecimiento, y no tuve vigor alguno. Pero oí el sonido de sus palabras; y al oír el sonido de sus palabras, caí sobre mi rostro en un profundo sueño, con mi rostro en tierra. Y he aquí una mano me tocó, e hizo que me pusiese sobre mis rodillas y sobre las palmas de mis manos. Y me dijo: Daniel, varón muy amado, está atento a las palabras que te hablaré, y ponte en pie; porque a ti he sido enviado ahora. Mientras hablaba esto conmigo, me puse en pie temblando. Entonces me dijo: Daniel, no temas; porque desde el primer día que dispusiste tu corazón a entender y a humillarte en la presencia de tu Dios, fueron oídas tus palabras; y a causa de tus palabras yo he venido. Mas el príncipe del reino de Persia se me opuso durante veintiún días; pero he aquí Miguel, uno de los principales príncipes, vino para ayudarme, y quedé allí con los reyes de Persia. He venido para hacerte saber lo que ha de venir a tu pueblo en los postreros días; porque la visión es para esos días. Mientras me decía estas palabras, estaba yo con los ojos puestos en tierra, y enmudecido. Pero he aquí, uno con semejanza de hijo de hombre tocó mis labios. Entonces abrí mi boca y hablé, y dije al que estaba delante de mí: Señor mío, con la visión me han sobrevenido dolores, y no *me queda fuerza. ¿Cómo, pues, podrá el siervo de mi señor hablar con mi señor? Porque al instante me faltó la fuerza, y no me quedó aliento. Y aquel que tenía semejanza de hombre me tocó otra vez, y me fortaleció, y me dijo: Muy amado, no temas; la paz sea contigo; esfuérzate y aliéntate. Y mientras él me hablaba, recobré las fuerzas, y dije: Hable mi señor, porque me has fortalecido."*

DANIEL 10:1-19 RVR1960

CARACTERÍSTICAS DEL REMANENTE

1) Favor y gracia para estar envueltos en temas de gobierno y con personas en posición de autoridad.

2) Un estilo de vida de oración, de búsqueda, de ayuno. El remanente se caracteriza como un pueblo que tiene una comunión íntima con su Dios.

3) Un alto nivel de guerra espiritual. Dios pelea por su remanente, Dios activa sus ángeles guerreros para defender a su remanente.

4) Fuerzas sobrenaturales. Nuestro corazón decide ser leal, Dios nos da las fuerzas para lograrlo.

5) Daniel operaba en un río profético. Tenemos que ser sensibles al Espíritu Santo.

6) Daniel recibió sobrenaturalmente información y capacidad para administrarla.

7) Daniel tenía un grupo de compañeros, sus amigos Sadrac, Mesac y Abednego. Todos eran de la tribu de Judá y fueron cautivos en Babilonia. Permanecieron unidos y leales a Dios y a su palabra.

8) Daniel siempre se mantuvo humilde, sometido a Dios y en el temor de Dios.

9) La visión de Daniel en el capítulo 10 dice que fue junto a un gran río. La Iglesia remanente que restaura fluye en el río del Espíritu Santo. Sin el Espíritu Santo no hay restauración. Nuestro Dios es un Dios de movimiento y tenemos que aprender a estar junto a su río. Ese es el lugar donde Dios nos unge, nos revela sus planes y su sabiduría.

10) La fuerzas están en la Palabra, notemos en el versículo 19 dice: "mientras él me hablaba". El remanente que restaura opera en el orden de Dios. Está expuesto a la Palabra de Dios. Están unidos escuchando y buscando la revelación. Operan en el principio de autoridad porque conocen bien cómo Dios envía su palabra. Dios es un Dios de orden. Donde está fluyendo la Palabra de Dios, también fluyen las fuerzas sobrenaturales que Él nos da.

11) El trato de Dios con su remanente no será entendido por todo el mundo. La Biblia dice que: "Y sólo yo Daniel, vi aquella visión". El remanente que restaura no busca aprobación del hombre y mucho menos del mundo. Es un remanente restaurado y libre de todo vacío, inseguridad y falta de identidad.

12) En el versículo 5 y 6 menciona a un hombre vestido de lino, esto describe vestimentas de sacerdotes y de profetas. Menciona que sus lomos eran ceñidos de oro, esto describe a alguien de alto rango y autoridad y también menciona su rostro como relámpago, esto

es poder, majestad y santidad. También menciona el sonido de sus palabras como el estruendo de una multitud. Muchos teólogos han llegado a la conclusión de que fue una visitación del Mesías, Jesús el Hijo De Dios. Jesús manifiesta su presencia a su remanente en niveles superiores y transformadores. Daniel nunca fue el mismo después de esta experiencia con Dios. Él fue marcado para niveles superiores de fe y de capacidad.

Nos tocó ser el remanente de la generación de creyentes. Restauremos los valores y principios bíblicos. Las nuevas generaciones responderán cuando encuentren en nosotros el denuedo y la lealtad de Daniel. Predica con denuedo la Palabra, pídele a Dios revelación y entendimiento. Seamos el remanente que tenemos comunión íntima con nuestro Señor Jesús. No nos dejemos impresionar por el mundo y sus fábulas. Recordemos que Dios no necesita a muchos.

*Dios necesita que nuestro corazón sea sincero
y entregado a Él para levantar un mover que
tocará a multitudes.*

En tu oración pídele a Dios que imparta en ti su paternidad. En la paternidad de Dios somos libres para no caer en la manipulación y el control de las tinieblas. Pero también cuando experimentamos su paternidad, seremos aquellos que tendremos su visión de restaurar y de siempre ofrecer un nuevo comienzo. No hay privilegio mayor que conocer a Jesús, y el segundo más importante es servirle. La pasión de Dios es restaurar. Ese es, precisamente, el propósito de la Cruz. Cristo muere y resucita para que podamos tener acceso directo a nuestro Padre celestial. Nuestro Dios es el Dios de nuevos comienzos, nuestro Dios es el Dios que restaura. En Él encontramos nuestro propósito de vida, nuestro propósito es ser como es Él. Seamos ese remanente que restaura.

Que juntos podamos decirle a Dios, "TU VERDAD ES MI VERDAD", y que todo el mundo lo sepa.

Sin Jesús no existe la restaauración,
Él es el Gran Pastor de las ovejas.

CONCLUSIÓN

La principal misión de Jesús al venir como hombre a la tierra y morir en la Cruz del Calvario fue restaurar a la humanidad en el conocimiento de Dios Padre y de su amor incondicional. Todos somos pecadores y seguimos siéndolo aún después de haber reconocido a Jesús como único Señor y Salvador. La diferencia es que entramos a formar parte del pacto de misericordia que nos ayuda a superarnos y a ser transformados por medio del poder de su Palabra.

La restauración tiene una función esencial en la vida de un cristiano. Dice la Palabra que no importa cuantas veces caiga el justo, porque Dios estará dispuesto a levantarlo otra vez. Por tal motivo, debemos cuidarnos del juicio, de la condenación o de doctrinas religiosas que descartan a las personas por sus faltas.

Cada vez que le damos una nueva oportunidad a alguien, estamos obrando de acuerdo al carácter de Jesús. Siempre que haya un arrepentimiento real, debemos restaurar. Eso es el evangelio, y todos, en un momento u otro, vamos a necesitar que alguien nos ayude a sobrepasar situaciones adversas.

Perdonar a las personas que nos hacen daño y volver a confiar nos representa un mañana mejor, y es la actitud correcta. Siempre debemos combatir el miedo y la inseguridad que nos producen las heridas que el diablo o el hombre mismo pueda traer.

Es mi deseo que a través de este libro tú hayas podido aprender algo que te ayude a volver a empezar. Nuestro Dios es el Dios de nuevos comienzos. Una vez Él creó un universo lleno de amor, paz y de su presencia, para luego tener que volver a empezar a recuperarnos debido a nuestra propia rebelión. Él ha pasado por esto también. Jesús, luego de la resurrección, vino a buscar a sus discípulos que se habían ido a trabajar secularmente, llenos de miedo y de confusión. La restauración es lo que mantiene la visión viva y los propósitos de Dios activos.

El apóstol Pedro, luego de ser restaurado por el Señor, nunca fue igual. Él tuvo que experimentar la gracia y la misericordia de Jesús para luego ser un pastor sensible a la necesidad del redil.

El apóstol Pablo también fue un gran hombre de Dios restaurado de su pasado cruel, en el cual asesinaba a los hombres de Dios. Estos mismos hombres que él perseguía, un día lo recibieron y, por medio de ellos, en oración, fue sano y establecido en el destino de Dios.

El rey David, el profeta Elías, Moisés y Abraham son otros ejemplos bíblicos del Antiguo Testamento que fueron restaurados y cumplieron su llamado hasta llegar a la meta. Sus errores tuvieron consecuencias, pero Dios nunca los abandonó. Ellos supieron cómo pedirle a Dios por restauración. No tomaron una posición independiente de la gracia de Dios.

La Biblia, que es la Palabra de Dios, es un libro de restauración. Ésta contiene una unción propia que restaura el alma, el espíritu y el cuerpo del ser humano.

Si en este momento necesitas restauración, te exhorto a que confíes en Dios para este proceso, Él puede y quiere ayudarte. No importa lo que hayas pasado en tu niñez o en tus años de adulto, haya sido tu culpa o no. Dios es un Dios que restaura... Comienza a clamar y a confiar en Él, para que experimentes por el resto de tu vida la paz de saber que Él responde al arrepentimiento con su amor y con su consuelo, y que todo lo que te pueda ocurrir, de una manera sobrenatural y sorprendente Él lo va a tornar para tu bien.

Cada vez que tengas el privilegio de ser participante en la restauración de alguien, tu Dios te visitará con gozo, paz y un favor especial en tu llamado.

SÉ UN MINISTRO RESTAURADOR PARA LA GLORIA DEL SEÑOR.

> *"Y sabemos que a los que aman a Dios, todas las cosas les ayudan a bien, esto es, a los que conforme a su propósito son llamados."*

ROMANOS 8:28

Nunca pares de soñar, Dios te está llamando para cosas grandes y hermosas que Él ha planeado para ti. Su propósito para tu vida es muy especial; Él te ama incondicionalmente.

¡Que Dios prospere todo tu camino y que la paz de Jesús esté siempre contigo...!

TESTIMONIOS

DONDE COMIENZA EL PERDÓN, COMIENZA EL PROPÓSITO

Una tarde mientras descansaba en mi casa, recibí una llamada a mi teléfono celular de un hombre que nunca había conocido, su nombre es Pablo. En la llamada él me comentaba que otra persona le había hablado de mí, y que él y su familia estaban muy heridos y confundidos. Su corazón estaba duro y sus planes eran muy desalentadores. Tenía un deseo de venganza muy fuerte y estaba tramitando un escándalo a través de la prensa para difamar al que fue su último pastor. Inclusive, me decía que había intentado acercarse a su expastor en varias ocasiones para herirlo físicamente, porque había considerado la posibilidad de matarlo. Al escuchar esto enseguida le pedí que viniera a mi oficina al otro día, sentí que estaba hablando con alguien que era capaz de hacer lo que me decía, que no eran palabras vacías. En ese momento, él estaba muy enfadado porque su familia completa estaba sufriendo las consecuencias de las acciones de esta persona que les hizo daño.

Cuando lo conocí personalmente, pude notar que su corazón era bueno y que era un hombre sincero en lo que decía. Me contó los detalles de lo que le había sucedido, de cómo había sido su niñez y cómo recibió a Jesús como su salvador. Habló por varias horas, lloraba de rabia y de desencanto. Pero poco a poco el Espíritu Santo comenzó a ministrarle perdón y misericordia.

Nos reunimos varias veces, él comenzó a asistir a los servicios de la iglesia y el Señor lo confrontó varias veces con su Palabra. Finalmente, perdonó y soltó su pasado. Estuvo con nosotros varios meses y luego por razones de negocios se regresó a su país natal, Ecuador. Siempre nos mantenemos en contacto, e inclusive el viajó varias veces a Miami para estar con nosotros en la iglesia. En una de esas visitas me habló del Pastor con quien estaba congregándose en Ecuador, me dijo que le había contado todo lo sucedido, inclusive cómo fue su restauración, y que ese Pastor me quería conocer. Asimismo, que Dios había puesto en su corazón que viajáramos a su país con un grupo de la iglesia para llevar seminarios de liderazgo y cruzadas evangelísticas.

Para resumir la historia, lo hicimos, fuimos varios pastores e incluso el pastor y evangelista Alberto Mottesi. Ese viaje marcó la historia de Ecuador. Por primera vez un ministro evangélico predicó en el congreso de Ecuador en plena sesión, y millones de personas a través de la prensa pudieron oír el mensaje de Jesucristo. Más de mil pastores asistieron a los seminarios y miles de personas recibieron a Jesús como su salvador personal en las cruzadas que se realizaron en las noches.

Todo tipo de milagros y sanidades ocurrieron durante esos cuatro días. Ecuador fue visitado por el poder de Dios, aun en el corazón gubernamental del país.

Hoy día Pablo es un líder en su comunidad, sin duda, todo esto comenzó cuando Pablo permitió que el poder restaurador de Jesús reinara en su corazón. Él y su familia le sirven al Señor en su iglesia y en su comunidad.

TESTIMONIO 2

FIEL EN EL QUEBRANTO

Este testimonio de restauración es de Ozzie, un hombre que ama a Dios con todo su corazón y su pasión es servirle. Todo comenzó cuando su hijo varón fue diagnosticado con leucemia y estuvo al borde de la muerte. Esto causó una presión muy grande en el matrimonio y en la familia entera. Aun su ministerio quedó a un lado. Después de tanto sufrimiento, finalmente, una noche cuando se encontraba orando, Ozzie le entregó su hijo a Dios diciendo: "Señor, este es mi hijo a quien amo con todo mi corazón, está muriendo, los doctores no pueden hacer nada, yo sé que tú si puedes sanarlo, pero aunque decidas llevártelo siempre seguiré sirviéndote, ¡siempre!

Su hijo fue sanado de leucemia, nunca más ha vuelto a padecer esta enfermedad, pero su matrimonio no soportó la presión durante tanto tiempo y se rompió, lo que causó que el ministerio de Ozzie quedase paralizado.

Por otra parte, una de las enfermeras que cuidaba al hijo de Ozzie en el hospital durante la noche siempre escuchaba cuando Ozzie se ponía a orar con su hijo, ella aún no era cristiana, pero le llamaba la atención la forma y la fe con que lo hacía. Entonces, después de un tiempo, un día en un restaurante ellos se vuelven a encontrar y, por agradecimiento de lo buena enfermera que había sido, la invitó a una cena. En esa cena nació una amistad muy especial, y tiempo después Karina aceptó a Jesús y terminaron enamorados.

Se casaron, tienen un hijo y hoy son Pastores en la ciudad de Fort Myers, Florida. Dios sanó al mayor y restauró la vida de Ozzie dándole una nueva oportunidad familiar y ministerial.

TESTIMONIO 3

JESÚS, LA PALABRA QUE LO CAMBIÓ TODO

Su nombre es José, por muchos años estuvo atado al vicio de las drogas. Su niñez fue muy dura y su familia practicaba religiones paganas e idolatría. Llegó a vivir en las calles después de haberlo perdido todo. Un día un hombre le predicó el evangelio de Jesús, y esto le llamo tanto la atención que nunca se olvidó de esas palabras. Después de varios años, Dios se encargó de restaurar su vida, lo libró del vicio de las drogas, le restauró sus emociones y lo fortaleció para luchar por su bienestar. Hoy está casado felizmente, su economía va muy bien y sirve en la iglesia en el ministerio de música.

Dios restauró su vida de una manera tan especial, que su hogar está lleno de paz y libertad. Él es un instrumento evangelístico en las manos de Jesús. Nunca más tocó las drogas, su corazón cambio totalmente.

Estos son sólo tres de los muchos testimonios que hemos tenido de cerca. La vida es un ciclo en el que día a día podemos ver reflejada la mano de Dios para restaurar a sus hijos en cada momento. Hay testimonios de experiencias fuertes que nos enseñan cada día lo poderoso que es Dios, y experiencias sencillas que nos recuerdan lo detallista que es nuestro Padre Celestial, que somos verdaderamente importantes para Él, que está listo para sanarnos hasta de las pequeñas heridas. Su restauración es por siempre y para siempre, si Él lo hizo con otros, también puede y quiere hacerlo contigo.

ACERCA DEL AUTOR

Fundador y pastor general de la Iglesia Doral Jesus Worship Center en Miami, una de las congregaciones de más rápido crecimiento e influencia en el Sur de la Florida. Sus enseñanzas están causando un gran impacto tanto a nivel local como en Latinoamérica. Su mensaje ha caracterizado por la restauración del liderazgo, de la familia y del pueblo de Dios en general. También conduce el programa de televisión Un Tiempo de Esperanza transmitido en varios canales en Miami y por Enlace Internacional, así como la versión de radio de este programa a través de una estación de Univisión radio. Es autor del libro: "El Dios Que Restaura" y se encuentra trabajando en un nuevo libro que estará disponible pronto.

El pastor Frank López nació en la Habana, Cuba. Llegó a los Estados Unidos cuando tenía un año de edad. A los 26 años contrajo matrimonio con Zayda con quien pastorea Jesus Worship Center. Es Ingeniero Eléctrico y Administrador de Empresas, egresado de la Universidad de Miami. Por muchos años se destacó por ser un hombre de negocios exitoso, con experiencia gerencial y administrativa. A los 33 años le entregó su vida al Señor, y desde ahí, mostró un profundo interés por colocar sus conocimientos al servicio de la comunidad cristiana, fundando entidades como "Amanecer Christian Network", emisora de radio que transmitió por muchos años desde la ciudad de Miami y el sello musical "Rejoice Music".

El matrimonio López tiene un ferviente deseo de seguir trabajando arduamente para que cada creyente sea restaurado y logre alcanzar el propósito que Dios tiene preparado para cada persona.

BIBLIOGRAFÍA

Biblia Plenitud. 1960 Reina-Valera Revisión, ISBN: 089922279X, Editorial Caribe, Miami, Florida.

Diccionario Español a Inglés, Inglés a Español. Editorial Larousse S.A., impreso en Dinamarca, Núm. 81, México, ISBN: 2 03 420200 7, ISBN: 70 607 371 X, 1993.

El Pequeño Larousse Ilustrado. 2002 Spes Editorial, S.L. Barcelona; Ediciones Larousse, S.A. de C.V. México, D.F., ISBN: 970-22-0020-2.

Strong James, LL.D, S.T.D., Concordancia Strong Exhaustiva de la Biblia, Editorial Caribe, Inc., Thomas Nelson, Inc., Publishers, Nashville, TN - Miami, FL, EE.UU., 2002. ISBN: 0-89922-382-6.

Vine, W.E. Diccionario Expositivo de las Palabras del Antiguo Testamento y Nuevo Testamento. Editorial Caribe, Inc./División Thomas Nelson, Inc., Nashville, TN, ISBN: 0 89922 495 4, 1999.